천·년·향(2)

시·수필
-순도-

대양미디어

앞선 말/序

詩를 默讀(묵독)할 때와 朗讀(낭독)할 때의 느낌은 아주 다르다. 더군다나 朗誦(낭송)할 땐 그 더욱 다르나니, 같은 詩라도 생생한 목소리로 전달되는 朗讀(낭독)이나 朗誦(낭송)할 때의 그 詩는 새롭게 살아난다.

생동하는 좋은 詩는 싹트고, 뻗고, 솟구치고, 춤추며 꽉 막힌 일상의 낡음을 활짝 벗어버리고 예측할 수조차 없는 미래를 열어 창조하려는 힘이 있다. 최선을 다한 詩는 피를 토할 만큼 보이지 않는 눈물과 땀의 결실이리니, 한 권의 시집은 그 시인이 그간 겪은 노고와 삶의 압축물이다. 그런 결과를 함부로 재단하고 비평해서는 아니 됨을 알고 있음이라.-시인의 절규. 따라서 자신의 詩가 지향하는 삶으로 살아갈 운명에 처한다는 것, '시인이라는 존재의 엄숙성'이라고 일컬어져야 함이다.

차례/次例

학춤/鶴舞	7
천재의 계단/階段	8
채소/봄동	10
…, 그리고 그리움	11
치부/恥部	12
백의천사/白衣天使	13
히어리 꽃/松廣寺	14
영춘화/迎春花	16
석산화/石蒜花	18
상사화/相思花	20
샛별/金星	22
다랭이논/다랭이논	24
누룽지	25
가슴 에이는 것	26
긴 시, 짧은 시/長·短詩	27
그리움은 더욱더	28
사랑과 시성/詩聖	30
선망/羨望	34
시집/詩集	36
시작/詩作	38
불사조/不死鳥	40
텍사스/TEXSAS	41
무궁화/無窮花	46
여정/旅程	48
느·러·지	50
庫千巖 길/해남	52
비상/飛翔	58
창포주/菖蒲酒	60
첫사랑의 맛	62
눈부신 여름날	63
학우선/鶴羽扇	64
무지개/天弓	66
삼면이 바다	68
만재도/晚才島	70
천사도/千四島	72
파상의 변화/波狀의 變化	74
상주골/尙州	76
8월 보내고 9월을 맞으며	78
순례/巡禮	80
치자향/梔子香	82
민속절/民俗節	84
귀뚜라미/蟋蟀	86

중구/重九	88
들국화	90
그리운 당신	91
사미승/沙彌僧	94
오일장	96
옛날 짜장면/手打麵	98
인·사·동/仁·寺·洞	100
서오릉 숲길	104
산책/散策	106
낙엽 때문에	108
지는 영혼/靈魂	110
극한 마라톤/Marathon	112
순환/循環	115
동심초/同心草	116
퇴고/推敲	118
파도/波濤	121
동백꽃/冬栢花	122
옥정호/붕어섬의 외앗날	124
길/道(路)	127
곤을동/坤乙洞	130
공간과 의식/空間과 意識	132
안산/鞍山	134
존재의 시/存在의 詩	135
감탕나무/甘·湯·木	136
우리들의 인연/因緣	138
선암사 돌담길	140
군자행신/君子行身	142
봄이 오면/When Spring is Coming	143
n·포 세대/反抗의 世代	146
존경하는 李兄	148
간이역/簡易驛	149
배꽃/梨花	150
날 슬프게 하는 것들	153
시 비/詩 碑	154
맛과 냄새/味覺과 嗅覺	156
종착역/終着驛	157
어장의 꿈/漁場夢	158
열정/熱情	160
본회퍼의 사상/Bonhoeffer	162
주마간사/走馬看寺	165
시 낭송/詩 朗誦	170

시로서 뜻한바 다 나타내고 - 詩以足志

시를 읊어 성현들과 벗하다 - 吟詩尙友

학춤/鶴舞

영혼의 화신
백학白鶴은
언제쯤에나
한반도에 날아와

통일의 춤
평화의 춤
번영의 춤인
학춤鶴舞을 추려나

천재의 계단/階段

태양을 향한 계단
영혼의 불멸을 향한 계단
불변의 진리를 향한 계단
해서,
천재의 숨결이 스민 계단
미켈란젤로의 曲線階段*
　　　　　　곡 선 계 단

천문을 향한 계단
영원의 영성을 향한 계단
자신의 이상을 향한 계단
하여,
거장의 손길이 녹아든 계단
미켈란젤로의 波狀階段*
　　　　　　파 상 계 단

*미켈란젤로(Michelangelo:1475~1564) : 레오나르도 다빈치(1452~1519)와 더불어 Italy 의 Renaissance를 대표하는 거장.→*화가, 조각가, 시인, 건축가이었으며, 성모상, 다윗의 거상, 모세의 대리석상, 최후의 만찬 등 不朽의 作品들을 남겼다.

*曲線階段 : 直線階段의 반의어.

*波狀階段 : 모래사장에 파도 형태로 형성된 계단의 모양.→*Italy, 산 로렌초 성당에 미켈란젤로가 설계해 설치한, '天才의 階段'.

채소/봄동

오늘,
아직은 눈 내리고
시린 겨울 같은데-

철 이른 봄
해맑은 미소
아기 웃음 닮은 미소
철 이른 채소 봄동

혹독했던 겨우살이 하고도
구김살 없이 활~짝 핀 모습
우는 듯 웃는 듯 둥글둥글한 미소

그 미소에 담겨 알리는 향기
냉이, 달래, 봄동이 알리는 냄새
저만치 오고 있는 향긋한 봄 냄새
그리고, 봄
… … …

..., 그리고 그리움

진초록 잎 사이 사이로
속삭임 소리 들릴 듯
는개 비* 내리는 소리-

오는 여름 소리
..., 그리고 그리움

왼 종일
연연히* 솟구치는
보고 싶은 마음,
이 올지*않는데
구름 속 하루해가
가물대다* 지누나

는개 비: 안개 보다 굵고 이슬비보다 가늘게 내리는 비.→'는개'는 북한어.
*연연히/連連히 : 주~욱 잇달아/주~욱 연이어.
*이 올지다/이 올다 : 시들다/약해지다/사라지다.
*가물대다 : 작고 약한 불빛, 햇빛 따위가 사라질 듯 말 듯하다.

치부/恥部

禁斷의 열매를 따먹고 드러난

Adam과 Hawa의 恥部를

無花果잎으로 가렸다고 했다

禁斷의 룰[法]을 어긴 일로 드러난

風塵世相*속 우리들의 恥部는

과연 무엇으로 가려야 할거나?

*恥 : 부끄러워할 치.

*塵 : 티끌 진/속세 인간/세속적 존재.

*世相＝世態 → *風塵世相/世俗世態.

백의천사/白衣天使

먹구름 사이사이로 하얀 뭉게구름 흘러
갖가지 自己形狀*을 빚어내더니
찬란한 광체 속에서 신비로운 Avatar*가 된다

역사 속 암흑시대를 벗어나게 했던
白衣民族의 상징색 하~양,
희다는 것은 창조의 시작이다

생사의 갈림길에 동참했던 白衣天使
생명의 기적을 일궈 내기도 했었지,
하~얀 심성은 하느님을 닮아감이라

천상에서 내린 선녀 같던 白衣天使
오늘은, 어디에서 무엇을 하면서
기적을 일구며 선행을 하고 있을거나

*自己形狀/자기형상 : 하나님의 형상대로 창조하셨다(창1:27).
*Avatar/아바타 : 하늘에서 내려온 자.→*神의 分身/化身.

히어리 꽃/松光寺

모진 겨울 지나고
아직도 쌀쌀한데-

산수유 개나리보다 먼저 핀
히어리 꽃 - 松廣寺 꽃나무,
'시오리 꽃'을 어이해,
'히어리 꽃'이라 했을거나?

꼬투리만 매단 씨앗 꽃
봄의 전령, 봄의 약속, 그리고
찬란한 봄의 향기로움이라

불사佛舍 추녀 끝에 매달려
소리 속에 머문 풍경風磬,
그 모양 닮은 밀보리 이삭,
거꾸로 달린 채 꽃눈 터지나니
금방, 노~랑 꽃이 화~알 짝 피네~

머~언 시간 지나고
精 받이 끝나면,
붉은 꽃술 검게 변함은
일찍 봄을 알리려는 고행이려니
히어리꽃이 품은 선행禪行 이어라

▶우리의 꽃

영 춘화/迎 春花

이른 봄의 傳令, '어사리 나무 꽃'

이를, '어아리 나무 꽃'이라고도 名했나니

그 이름도 고운 개나리꽃[連翹花]*이라

개나리꽃[連翹花]을 黃梅花*라고

애써 이름 지어[名命]부르는 이웃들,

시들지 못한 그들만의 시샘[猜忌]이려나?

우리의 山河에는 우리의 꽃이 핀다

눈 속에서 피는 雪梅花*

봄 안개 속에 피는 山茱萸*

피를 토하듯 피는 杜鵑花*

..., ..., ...

개량되지 않고 지금도

즈믄* 밤 내내 이슬서리 머금고

개나리꽃[連翹花]은 피고 지고 있나니~
　　　　연교화

[註]

*連翹花 : 連 ; 이을 연. 翹 ; 뛰어날 교. 花 ; 꽃 화. →*개나리꽃/Forsythia.
　연교화

*黃梅花 : 竹丹花라고도 함. 竹丹花는 黃梅花의 變種. →*이웃 中國에서 사용함.
　황매화　죽단화　　　　죽단화　황매화　변종

*雪梅花 : 杜鵑花/杜宇花/子規花라고도 한다.
　설매화　두견화 두우화 자규화

*山茱萸 : 山 ; 뫼산. 茱 ; 수유 수. 萸 ; 수유유.
　산수유

*杜鵑花 : 杜 ; 막을 두/팥배나무 두. 鵑 : 두견이 견.
　두견화

*즈 믄 : 천일의/千日의. →*즈믄 밤(천일의 밤/千日의 밤).

석산화/石蒜花

어김없이 가을이 되면,

山寺 바위 틈새 틈새로 살며시 얼굴 내밀고
임 그리워 짝사랑하던 꽃, 石·蒜·花*
풍만한 여름 햇살에 무리 지어 화사하게 피었나니

잎과 함께하지 못한 모진 세월 한탄하며
그토록 보고 싶어 가슴앓이하던 꽃, 石·蒜·花
그리운 임 모습 보지 못해 그만 병 들었나니

이룰 수 없는 사랑에 가슴속 응어리져
심장의 붉은 선혈을 토하는 듯 활짝 피었구나
恨의 毒素*로 변해버린 꽃, 石·蒜·花

---

*石: 돌 석. 蒜: 마늘산.→*石蒜(석산): 수선화과에 딸린 다년생 풀.→*독소의 비늘줄기가 있음.

*石蒜花(석산화): 이른 봄에 잎이 나 자라서 5월경에 차차 잎이 시들어져 떨어진 후, 여름엔 연초록 꽃대가 나와 끝에 붉은 여섯 잎 蒜形花(산형화)가 차례로 피어 만발한다.

*꽃과 잎이 時·空을 달리하기 때문에 '石蒜花'를 '相思花'라고도 이름한다.

*恨의 毒素 : 수선화나 석산화 같은 꽃들의 비늘줄기엔 치명적인 毒素*가 들어있다.

→*일본의 '하나오카 세이수(華岡靑洲:1760~1835)'가 毒素를 품은 石蒜類의 비늘줄기로 세계에서 처음으로 痲醉藥을 제조했다고 전해진다.

[註]
*위의 詩류를 '想思 回答曲'이라고 한다.

「상사병이 실로 들었다면 마음을 강잉*하오
흐르는 이 세월 초로* 같은 우리 인생
한번 죽어 돌아가면 다시 오기 어려워라
뼈는 썩어 흙이 되고 살은 썩어 물이 되나니
죽은 후 날 찾아와서도 이런 사정하오리까」

*한 남자가 시집간 여자를 그리워해 애틋한 情을 쏟은 편지를 보내자,
 그 여자가 이에 노래로 답한 詩다.→*고려말부터 유행했던 일종의 노래이며
 歌詞形式인 '想思 回答曲'이다.

*强仍 : 마지못해 그대로 함/어쩔 수 없이 그대로 함.

*草露 : 풀잎에 맺힌 이슬.→*人生草露 : 풀잎에 맺힌 이슬과 같은 人生.

상·사·화/相·思·花

모진 겨울 이겨내고
만 생이 무성해지는 봄
잎 새와 함께 꽃이 피기만을
애절하게 기다렸던 그리움

무심하게도 잎 새 다 지고 난 후에야
꽃이 피는 얄궂은 운명의 꽃-想·思·花*

그리워하고 사모하다 져버린 잎
임 그리워 훗날 틈새 틈새로
새색시처럼 부끄러운 듯 살며시
붉게 붉게 얼굴 내민 꽃-相·思·花

산사 분지 사이사이에 한여름 햇살 속에서
오손도손 무리 지어 화사하게 핀 꽃-相·思·花

이룰 수 없는 사랑이기에 그리도
박동치는 붉은 심장을 시기했나?
붉은 피 치솟듯 활짝 핀 꽃-相·思·花

놓쳐버린 때 만날 수 없는 길
時·空의 운명적 태생-相·思·花,

한 생을 다하도록 비운의 꽃이 된
선열처럼 붉은 꽃-相·思·花,

相·思·花여, 相·思·花여~!

*相·思·花 : 잎이 먼저 피고지고 난 후에야 꽃이 피는 꽃. 해서, 잎과 꽃이 서로를 그리워하며 한 생을 마감한다. 하여, '이룰 수 없는 사랑의 꽃'-'비운의 꽃'-相·思·花.

샛별/金星

얼마나 고대하고 갈구했던가
해갈하는데 백 년이 다 되도록,

할매의 할매는 밤새 내내
별들의 **찬란한 빛, '찬 빛'** 속에서
우주의 정기를 내려받을 정화수 앞에
정성을 다해 두 손을 모았으니

첫 손자의 고고지성呱呱之聲!
온 누리에 가득하구나

묵주 들고 두 손 모은 어머니,
어머니의 어머니는 성모마리아께
간절히 기도드린다.

새벽녘을 밝히는 샛별金星이 되어
찬란한 빛, '찬 빛'이 어둠을 걷히게 하시고
밝고 맑은 날의 미래 되게 하소서

할렐루야Hallelujah, 아~멘Amen!

*김찬빛 : 2017. 8. 25일 出生(출생).

*김종술/金鐘述(1917. 1. 15일 생)→*김찬빛의 曾祖父(증조부).

*曾祖父(증조부) 출생 후 35,610일(100년) 만에 출생한 曾孫(증손) '김찬빛' 탄생 축시.

다랭이논/다랑이논

얕으막 한 야산 둔덕 산갑山岬*
다랭이논*에 겨우겨우 심은 어린 모
맹하孟夏* 가뭄에 쩍쩍 갈라진 논바닥

자라목을 한 채 논두렁에 걸터앉아
목 빠지게 기다리던 소나기 한줄기
팅팅한 쪽빛 하늘만 올려다보는

백발 할 배,

긴 세월 지났는데도
사그라들지* 않은 채 가슴속 한구석에
석고상石膏像으로 자리매김 해있나니…

*다랭이논/다랑이논 : 산자락의 계단식 논.→*梯畓/棚畓.
                                          제답 붕답
*산갑/山岬 : 산기슭의 쑥 내민 귀퉁이 산자락.→*岬角/沙岬.
                                              갑각 사갑
*맹하/孟夏 : 초여름.→*三伏 더위 전 여름.
   맹하
*사그라들다 : 사그라지다의 非標準語.→*2014년도 국립국어원에서 표준어로 인정함.
                       비표준어

누룽지

... 그 시절,

달챙이* 놋쇠 주걱으로
무쇠솥 바닥 박박 긁어
보리밥 누룽지 한 덩이
냉큼 건네주던

사랑 넘친 할매,

모지랭이* 소맷자락의 코홀리개
애잔하기만 했던 손주 녀석...

지금은
이런저런 걱정 놓으시고
산허리에 편케 누워계실거나?

*달챙이 : 끝이 닳아 오목해진 형상.→*달챙이 주걱/달챙이 숟가락/달챙이 바지,
 달챙이 치마/달챙이 고쟁이(지역방언).→*方言 : 특정 집단의 사용 언어.
모지랭이/모지랑이 : 달챙이 와 같은 의미.→'모지랭이'보다 '달챙이'라고 표현하면,
 더 순하고 정감 어린 느낌이 든다.

가슴 에이는 것

한 아름 설렘 안고
내일, 혹 모래라도
다가오는 연인이 있을거나?

세상에서 제일 가슴 에이는 것,
'사랑'이라는 것으로부터 점점 멀어져
영영 잊어져 가는 것
                    - 편작 순 도

▶사순절의 고난주간, 부활절을 맞아~

긴 시, 짧은 시/長·短詩

세상에서 제일 짧은 詩(시)

죽음死亡-서정시抒情詩

세상에서 제일 긴 詩(시)

부활復活-서사시敍事詩

             - 편작 순도

그리움은 더욱 더

세월 흘러 어느 때가 되면 난,
날 떠난 당신이 잊혀 지리라 아니,
당신을 잊고 말리라 생각했었죠

그러나, 달이 가고 해가 갈수록
당신에 대한 그리움은 더욱더
절절하기만 해진답니다

당신은,
식어가던 내 가슴속에 삶의 싹을 틔우고
꽃을 피우고 사랑의 열매도 맺게 했지요
사랑이 무엇인가를 일깨워준 첫 여인이요
내가 가장 사랑한 마지막 여인일 것입니다

또한, 내게 끈적끈적한 삶도 알게 해준
유일한 여인이요 영원한 여인일 것입니다

그 무엇보다 당신은,
꽉 막힌 성곽 속 같은 내 삶에

한줄기 서광의 빛을 선사한
천사 같은 존재이기 때문이랍니다

하지만,
내겐 문제점이 참으로 많았지요?
이룰 수도 없는 꿈을 위해 헛된 뜻을 세우느라
잃어서는 아니 될 소중한 것들을 참 많이도 잃었지요
이 순간에도 그러하고 있을지도 모르겠지만,
결코 있어서는 아니 될 불행한 일 이랍니다

세상의 진정한 행복은 평범한 삶인 것을...

사랑과 시성/詩聖

詩聖 Goethe는 "創作이란 자기를 解放시켜준다"라고 말했다

經驗을 뜨거운 가슴으로 녹여낸, '젊은 베르테르의 슬픔' 속에서

그는, LoTTe에게 "眞實로 알 베르토를 사랑하느냐?"라고 묻는다

"그건 無意味합니다. 당신은 사랑을 잃게 될 것이에요. 하지만,

당신의 詩 속에선 당신과 내가 永遠히 사랑할 것입니다"라고 답한다

꽃을 좋아하는 자는 꽃을 꺾으려 든다.-官能적 交感이다

그렇다면, 괴테는 롯데를 좋아[好]했을까, 사랑[愛]했을까,

괴테의 創作 동력은 연애 감정이 源泉이다. 하여 그는,

늘그막에도 풋풋한 소녀와 열열한 戀愛 感情을 교류했음이라

연애 감정이란, 東西古今이 별다른 것일까?

詩聖 退溪는 시대적 법도와 사회적 신분을 초월해

방년 십팔 세 관기-杜香(두향)과 전설적 사랑의 주인공이 된다

하여, 退溪(퇴계)는 주옥같은 梅花(매화)관련 詩를 107首나 세상에 남긴다

退溪(퇴계)가 임종 전 杜香(두향)에게 보낸 詩,

'누렇게 바랜 책 속 聖賢(성현) 말씀 대하며

빈방에 홀로 앉아 暝想(명상)에 잠긴 채

梅花(매화) 만발한 창밖 봄소식을 다시 보누나

거문고 마주 앉아 줄 끊어졌다고 恨嘆(한탄) 말자'

그가 남긴 말, "저 梅花(매화)에 물[水(수)]을 잘 주어라~"

杜香(두향)을 잘 보살펴 주어라는 깊은 뜻~

그녀는 梅花(매화)에 끊임없이 정성스레 물을 주었다

꿈에도 그리운 임, 退溪와는 글만 오고 갔는데

淨化水 색깔이 매일 변해가나니,

그의 靈魂이 다 했음을 직감한 杜香,

남한강에 투신자살한다.

立身보다 學問에 전력했으며 江·梅·月을 유달리 사랑하여

詩·書·音에 몰입하면서도 오로지 한 여인 杜香만을 靈적으로

사랑했던 退溪, 그는 진정 Agape적 Romantist이었을까?

좋아함은 官能적 交感이오, 사랑함은 靈적 交感이라는 것,

그는 이미 道를 攄得했었음이라

*괴테의 訓, "만나는 사람마다 스승으로 알라."

「세계 최대의 문학자로 꼽히는 괴테를 綜合적 天才라고 일컫는다. 83년의 긴 생애를 살다 간 그의 생가는 Frankfurt Am Main에 있다. 觀光客들은 대부분 괴테의 생가를 방문하기 때문에 강한 好奇心과 깊은 感動 속에 그의 생가를 찾는다. 그는 하늘이 낸 偉大한 人物이라고들 한다. 오늘날 우리는 어떻게 하면 즐겁고 행복한 삶을 살아갈 수 있는 것일까?」

[註]

*괴테의 人生訓을 다섯 가지로 要約 해보자면 –

첫째, 지나간 일을 後悔하지 말 것, 잊어버려야 할 것은 깨끗이 잊어버리자.

둘째, 될수록 화내지 말 것, 忿怒속에서 한 말이나 행동은 後悔만 남는다.

셋째, 언제나 현재를 즐길 것, 현재 내가 하고 있는 일에 精誠과 情熱을 다하자.

넷째, 남을 미워하지 말 것, 憎惡는 인간을 卑劣하게 만들고 인격을 墮落시킨다.

다섯째, 미래는 神의 領域, 神에게 맡기고 지금 最善을 다하자.

선망/羨望

삶은 詩作에 많은 影響을 미친다

아니, 詩가 삶에 큰 影響을 行事한다

참된 詩語가 삶에 作用하게 된 힘 때문이리라

痴呆에 걸리지 않는다는 삶의 智慧가

詩를 쓰게 된 契機가 되었음은

詩作하는데 크게 動機附與 했음이라

문학에 판밖*인 사람도 詩를 쓸 수 있다는 羨望이

詩를 읽고 쓰게 하는 관심의 無謀함으로 발전하여

詩語가 눈에 들어오고 行間이 腦裏를 감돌 때

作詩를 하게 하는 動機가 되리니-

些少(사소)한 것에도 관심을 가져서 詩적 感興(감흥)을 받으면,

흔히 듣는 탱자나무[枸橘](구귤)속 참새들의 짝 찾는 지저귐도

오뉴월(五六月)(오육월)의 세레나데(Serenade)로 들릴 것이며,

길섶의 野生草(야생초)도 아름답고 정다운 이웃[隣](린)이 되리니,

무심코 지나치던 이웃집 담벼락[隣牆](인장)조차 어느 날

美(미)적 造形物(조형물)로 보이게 된다는 것은

詩作(시작)하게 되었음이 어느덧 詩人(시인)이 되어가는 한 과정이니

적어도 그러하리라는 意識(의식)의 發露(발로)이리라

*판밖/局外(국외) : 일이 벌어진 자리 밖. → *局外者(국외자)/門外漢(문외한)/Outsider/판밖의 사람.

시 집/詩集

週末이 되면,

서점 몇 군데를 涉獵하면서

큰맘 먹고 詩集 몇 권을 산다

世間에 꽤 알려진 시인들의 시집 값은

木爐酒店 막걸리 서너 병 병값이다

초라한 無名詩人인 나로선 기~인 밤, 기~인 날,

非夢似夢중에 쓴 원고지 값에 버금가는 金額이다

언제나 그렇듯 난, 선 채로 두세 券 읽어 보다

읽을수록 점점 더 무거워져 가는 詩集은

비집고 앉은 자리에서 精讀을 한다

거의 每月 같은 짓을 해봐도

진열대엔 항상 新刊으로 꽉꽉 차나니

참으로 놀랍고도 神奇한 現狀이다

그간의 내 詩集들은 어디쯤 파묻혀 있을거나

저 眩亂한 詩集들 속에서 과연,

表紙색깔이라도 제대로 내밀었던 것일까?

지금, 어디쯤에서 어떤 機會를 기다리고 있을거나

시 작/詩 作

"내 시의 帳簿는 어디에 있는가?

종이[紙]도 펜[筆]도 시[詩]도 없이

나는 無 앞에 서 있다"라고

巨匠 레몽 크노*는 외쳐댔다

한사코 멀리하는 詩, 하여 읽히지 않는 詩,

그래서, 나날이 여위어가는 詩人들이 되어간다

"시인은 窮하다고 흔히들 말한다. 그러나,

詩가 窮하게 만든 것이 아니라 窮한 뒤에야

詩가 좋아지는 탓이다"라고

醉翁 歐陽脩*는 흥얼댔다

그럼에도, 난 늦깎이로 詩를 擇했다

畵家에겐 그리는 道具가 있어야 하고

器樂家에겐 갖가지 樂器는 필수이며

書藝家는 文房四友*를 항상 준비하지만

詩人에겐 종이[紙]와 펜[筆]만 있으면 되나니,

언제 어디서나 詩를 쓸 수 있어서이다

場所나 時間을 따로 定해둘 필요도 없다

허 나, 詩라는 그 무거운 짐을 짊어지기로 하고서

난, 시를 쓴다 시를 짓는다 시를 創作한다

[註]
*레몽 크노/Raymond Queneau(1903~1967) : 佛, 소르본느 대학 卒. 시인, 소설가, 20세기 프랑스 文壇의 巨匠. 문학과 정치를 결합한 超現實主義의 독특한 문학세계를 구축함.

*歐陽脩(1007~1002) : 호는 醉翁, 宋 나라 때 학자, 唐·宋의 八大家*중 한 사람.
  → *八大家 : 唐의 韓愈, 柳宗元. 宋의 歐陽脩, 蘇洵, 蘇軾, 蘇轍, 曾鞏, 王安石.

*文房四友 : 화선지/붓/먹물/벼루. → *지/紙, 필/筆, 묵/墨, 연/硯.

불사조/不死鳥

神話속의 새 神秘한 새

神秘함으로 永遠히 살기에

記憶에 남아 잊을 수 없는 새

죽음도 이길 수 있다는 靈魂의 새, - 不死鳥

千年에 단 한 번 香나무 물어와

스스로 香불 피워 타죽은 다음

香氣따라 기~인 하늘로 오르는

千·年·香 속에서 다시 살아나는 새, - 不死鳥

▶사랑하는 鎭에게

텍사스/TEXAS

鎭(진)아,

지금 네가 살고 있는 'Texas, Houston'의 'Texas'란, '安寧, 親舊(안녕 친구)'라는 뜻이란다. 約字(약자)로, 'Tex.'라고만 줄여 쓰기도 하며, '同僚(동료)'라는 뜻이기도 하지.

Houston은 New York, Chicago, LA와 더불어 美國(미국) 4大 都市(도시) 중 하나이고, 우주의 별들을 經營(경영)하고 宇宙發射體(우주발사체)를 쏴 올리는 그 유명한 NASA가 있으며, 멕시코만(Trump 식의 American Bay) 沿岸(연안)의 유명한 대도시이다.

Texas의 州都(주도)는 Austin이고, 우리나라의 自負心(자부심)인 '삼성'의 반도체공장도 미국의 認定(인정)을 받으면서 자랑스럽게 그곳에 健在(건재)하고 있단다.

Texas엔 石油類 중심도시 Dallas가 있는데, 역사적으로 잊지 못할 事件, 즉 1963년 11월 24일 正午 무렵, 리 하비 오즈월드(L. H. Oswald)가 美 제35대 대통령인 존 F.케네디를 銃擊暗殺했던 도시이기도 하지. 지금까지도 그 要因은 五里霧中 이지만…

'텍사스 피 버(Texas fever)라는 뜻은 텍사스 熱病'이란 일종의 家畜病인데, 소[牛]등에 진드기가 옮겨져 발생한 유행성 病의 一種이란다.

'텍사스 리그(Texas leaguer)'란 말도, '텍사스 안타'라는 뜻이며, 野球에서 내야수와 외야수 사이에 아주 奇妙한 位置로 떨어진 공을 일컬어 말함이지.

'텍사스 롱혼(Texas Longhorn)'은 滅種 직전의 '긴 뿔 肉牛'를 말함인데, 그냥, '롱혼'이라 말하고, 'Longhorn'이라고 英語로 表現하기도 한단다.

'텍사스 레인저스(Texas Rangers)'는 역사적으로 전해온 '텍사스 騎馬 警官'으로서 무법자들과 맞선 法과 正義의 守護者 역할을 했다. 오늘날엔 '텍사스 레인저스 야구클럽(野球球團)'을 의미하기도 한단다.

'텍사스 타워(Texas Tower)'는 멕시코灣 앞 바다에 우뚝 세워져 있는데, 위기 때마다 미리 알려주는 早機警報용 '레이더 탑(Radar Tower)'을 의미하지. 수영 하거나 낚시 할 땐 주의 깊게 觀察했으면 한다.

사랑하는 鎭아,

너도 그곳에서 낚시하면서 大魚를 낚아본 經驗이 있어 알겠지만, '텍사스 엘리게이터가(Texas eligator gar)', '빅마우스 베이스(Big mouse base)'라는 물고기는 텍사스 사람들이 매우 좋아하는 물고기라고 하더라.

Texas 沿岸 멕시코灣에 있는 '하이 섬'은 새우[鰕] 잡이로 꽤 유명하지, 그 섬의 암새우 한 마리가 알을 100만 개씩이나 품어 種의 法則을 完成하고 있다고 해서 더욱 유명해졌단다.

'Texas'는 모든 것이 크고 넓어 廣大하다. '빅 컨추리(The Big Country)'나, '자이언트(The Giant)' 같은 영화에서도 그렇게 그려져 있어 萬人의 心琴을 感動케한 映畵이었지, 꽤 볼만한 영화란다. 중요한 것 가운데 하나는, Texas란 매우 넓어서 悲運의 戀人같아 애써 키워놓으면 언젠가는 떠나고 찾을 수도 없는 외 짝이 되어버린다는 것이란다.

무엇보다, Texas 사람들 大部分이 '매우 至毒하다'라고들 말하는 점이다. 그래도, Texas는 '包容力이 넘쳐나는 사랑의 고장'이라고들 하더라. 헌 데, 최근엔 트럼프 당선인이 旣存의 '멕시코灣'을 '아메리칸灣'이라고 할 의향이더라. 이는, 虛況된 힘의 논리다. 마치 우리나라 '東海'와 '西海'를 일본과 중국이 자기들 멋대로 '日本海', '黃海'라고 억지 부리는 것과 무엇이 다르겠느냐? 사랑하는 손주 鎭이가 靑少年期를 보고 배우며 살아가야 할 'Texas'에 유래한 참고 자료들을 잘 涉獵하여 훌륭한 人品의 成人이 되기를 바라면서...

무화과/無花果

無花果,
무슨 造化로 열리는 열매이기에
꽃도 없이 열매가 맺어지는 것일까?
적어도 詩적 관점으론 그러하다

천지창조로 탄생한 모든 생명체는
각자 種의 보존법칙을 위해서는
神의 섭리이거나 自然의 섭리이거나
양陽[+]과 음陰[-]이 반드시 결합해야만 하는
우주의 자연법칙이 적용하게 되었다는 점,
그러하오니, 동정녀 마리아의 잉태가
神의 섭리일까? 自然의 섭리일까?

그리도 많은 동식물 중에서도
금단의 열매를 따 먹고 드러난
이브와 하와의 치부-죽음에 대한 의식을
하필이면 無花果잎을 따서 가렸을거나?

... 그것이 문제로다

*현실의 문학적 표현으로, 無花果 나무가 열매를 맺는 것과 동정녀 마리아가 잉태했음을 무엇으로 어떻게 설명할 수 있을거나?

*우주 대자연의 섭리만으로는 양립될 수 없다는 문제점을 안고 있다고 봐야 하잖을까?

여정/旅程

겨울[冬]건너뛰고 봄[春]으로 그리고,

여름[夏]에서 가을[秋]로의 긴 旅程*

大洋의 여행자 슴새* - 滑飛鳥

쉼 없이 數萬里 날아

太平洋을 건너는 슴 새의 먼 旅程

經度와 緯度를 넘나드는 긴 旅程

겨울[冬] 건너뛰고 봄[春]으로,

가을[秋]에서 봄[春]으로의 季節旅程

하늘 높이 날아 太平洋건너

지구의 반 바퀴 도는 位相旅程

목구멍[咽喉]까지 꽉 찬 숨

그래서, 順道의 기~인 旅程

[註]

*旅 : 나그네 여[려].→*旅行/旅客/旅程. 程 : 길 정.→*旅程 : 여행의 과정이나 일정.

*滑 : 미끄러질 활.→*滑飛鳥/활 비 새(바다 위를 미끄러질 듯 나는 새.→*슴새.)

*슴새 : 철새로 한반도 등지에서 여름철에 繁殖한 후 태평양을 날아서 수만 킬로미터를 이동하며, 經度와 緯度를 知能적으로 適應하는 새이다.

느·러·지

흘러, 흘러~
훔 치적 거리며 흐르다 지친 강물
헤아릴 수조차 힘겨운 업보 속에서
억겁으로 흘렀지

긴, 기~인
역사를 쉼 없는 물돌이*로
한반도 닮아가는 느·러·지*에
차곡차곡 쌓아 놓았잖으냐?

이젠,
잠시 쉬엄쉬엄 휘돌아가자

예지가 쌓이고 쌓여
한반도 닮아가는 느·러·지,
팔 천만인에게 주는 영감을
우린 어떻게 받아들여야 하나?

뜨겁고도 차가웠던 피눈물

염불위괴*속에 피를 말리려 들다니~
이제껏 흘린 피땀이
제 업보를 조이려 드는구나.
이건, 사람이 사는 연緣을
끊는 것이 아니고 무엇이겠느냐?

이젠,
잠시 쉬엄쉬엄 휘돌아가자

[註]
*느·러·지 : 강물이 흐르면서 물돌이*에 모래 등 퇴적물이 쌓여 길게 늘어진 형상.
 →*영월군 서면의 한반도 형상 느·러·지/나주시 동강면 동강로 영산강 느·러·지

*물돌이/물 도리 : 강이나 시냇가 바깥쪽 땅을 감아 도는 모양.
 →*예천군 용궁면 회룡포는 우리나라 최고의 물돌이(물 도리) 마을로 유명하다.

*염불위괴/恬不爲愧 : 부정한 행위를 하고도 부끄러워하거나 뉘우칠 줄 모르는 것.
 →*恬 : 편안할 염(념). 愧 : 부끄러울 괴.

庫千巖 길/해남

4월 21일 아침 7시 5분 전, 약속 장소에 도착했다. 만나기로 했던 압구정 H-백화점 앞 주차장, 좀 있으려니 동행키로 한 文감사가 미소 머금은 채 왼손을 번쩍 들고 나타났다. Just-Man이다. 예의 그 검정색 서류 가방도 오른손에 들었다. 집안 Family인 朱여사가 반갑게 맞이하는 중에 독특한 배추색 승용차 옆에 서 있던 중년 사내가 고개 숙여 예의를 차린다.

돌고 돌아 들어선 길은 남측 강변로다. 한강을 우측으로 끼고 서쪽으로 한참이나 달린다. 맑을 것이란 일기 예보와는 달리 우중충한 날씨가 별로다. 어제가 음력 二十四節氣 중 곡우였다. 그래선지 비가 곧 내릴 듯한 징후다.

오랜만에 탁 트인 한강을 볼 수 있고 강 건너 병풍처럼 펼쳐진 APT군을 열병하듯 하니 조금은 마음이 시원스러워져 갔다. 아뿔싸, 서부간선도로에 드니 차들이 막힌다. 예나 지금이나 정체 길이다. 왜, 하필이면 이 길을 택했을까? 이런저런 노선에 대한 말을 주고받다 보니, 기사분이 아니고 직원이라고 했다. 관련된 庫千巖에 대해 많은 점을 거침없이 설명했다.

가까이 멀리 보이는 차창 밖 푸른 산 군데군데가 하얀 점박이[머릿속 버짐]처럼 보이는 벚꽃[사 꾸라 꽃]이 만발했다. 산의 경관을 해친 듯 느껴졌다. 정부에서는 산림정책의 성공 사례로 자부한다면서 하필이면

사 꾸라 꽃을 왜 그냥 놔두는 것일까? 왠지 마음이 착잡하기만 했다. 군산 지역을 지나면서 새만금 둑을 지나고 싶었지만, 당일로 귀경해야 한다는 계획 때문에 생각일 뿐. 언젠가는 그 거대한 역사의 현장을 둘러볼 기회가 있겠지, 하며 자위했다. 지난겨울 혹독한 추위로 누렇게 시들어가는 대나무밭을 지나면서야 비로소 고향 땅에 들어섰다는 감이 살아났다. 토질과 기후 때문인지(?) 호남 지역에 유독 많이 자라는 대나무의 그 고향 냄새가 눈으로 느껴졌다.

출발 후 다섯 시간이 넘어서야 木浦에 도착했다. 남악 구도시와 신도시 사이에 방송국을 비롯해 공공기관이 들어서 있으며, APT 단지가 즐비한 중심지 야산 공원 가운데 공동묘지가 있단다. 이 공동묘지를 해남으로 이장하기로 한 제1차 사업이 '해남 庫千巖 추모 공원 조성 추진 사업'이란 것이다. 해남 '땅끝[土末]마을'이란 말과 글은 듣고 보고했지만 해남 '庫千巖'이란 너무나 생소했다.

영산강 하구언 삼호대교를 지나 해남에 이르는 길 4차선은 현대화된 도로다. 1545년 을사사화乙巳士禍에 연루되어 전라도 순천으로 유배되었으나 이어진 양재역 벽서良才驛 壁書사건으로 가중 처벌되어 다시 해남을 거쳐 진도로 이배移配에 올랐던 조선 중기 학자이며 문신이었던 노수신(盧守愼: 1515~1590)은 이처럼 확 뚫린 길이 장차 생길 것이라고 꿈엔들 상상이라도 했었을까? 그가 해남에서 하룻밤 머물며 지은 詩,

'宿, 三村社倉/삼촌사창에 묵으면서~'

「海月 蟲吟盡이오, 山風 露氣收로다.
해월 충음진   산풍 로기수

;海南에 달 뜨니 벌레울음 끊기고, 산바람에 이슬 기운 걷혔구나.
해남

安危 古百濟요, 萬慮 倚晨樓라.
안위 고백제   만려 의신루

;옛 百濟땅 안위를 새벽녘 누각에 기댄 채, 하 걱정하누나.」
백제

생사의 기로에선 자신의 신세[流配]속에서도 나라의 안위를 걱정하는 옛 기개 높은 선비들의 이 같은 정신이 이어져 오늘의 조국이 있고 해남이 있는 것이 아닐까?

해남읍 고도리에 있는 '庫千巖' 관련 사무실에 도착했다. 소박하면서도 기품이 있어 보이는 집기들로 잘 정돈되어 있었다. 밝고 친절하게 맞아주는 직원들과 재단법인 이사장인 劉회장과도 서로 인사했다. PC 검색창 속에 나온 인상과는 판이했다. 외딴 고을 선비의 학자풍이 물씬 풍겼다.

그는, "오늘따라 먼 곳에서 오신 손님들이 많아 점심을 같이 못 하게 되어 유감스럽다"라고 했다. 우리 일행은 직원들 안내를 받아 그럴듯한 식당에 도착했다. 식당 주위 분위기가 꽤나 좋아 보였다. 차림상은 남도풍의 맛깔스런 음식들이다. 특히 속까지 붉은 개량 고구마로 빚은 붉은 탁주[紅濁酒]를 음주하며 창호지 바른 창살 무늬 문을 열어 놓아 툇마루 밖 정원에 심은 토속 짙은 정원수들은 바라보기만 해도 정겨웠다.

해남읍에서 땅끝[土末] 마을 쪽으로 20여 분 더 달려간 금강 초교 분교장, 폐교를 매입해 '庫千巖 추모 공원 사업'을 허가 낸 본산지이다. 배산임수의 전형적 지형이고, 학교 앞 신방저수지는 아련히 펼쳐진 호수형 저수진데 물 반 고기 반 호수란다. 연꽃이 방죽[防築]에 가득히 만발할 즈음엔 선경이 따로 없다고도 했다. 쾌청한 날엔 제주도가 보인다는 땅끝[土末] 마을도 여기서 십여 리 안팎 거리라 했다. 제주도가 안 보여도 좋다. 땅끝마을에 가면 보길도를 언제든 볼 수 있기 때문이다. 「배매 어라 배매 어라 락홍이 흘러오니 도원이 가깝도다. 지국 총 지국 총 어사와」라고 65세에 보길도에서 지은 윤선도(1587~1671)의 「漁父四時詞」가 학창 시절을 회상케 해주는 명시 구절이 뇌리를 스친다.

우리 일행은 '해남 庫千巖 추모 공원'이 들어설 터[址]에 인도되었고, 그와 관련된 해박한 설명을 들었었다. 해남읍 서쪽으로 국도를 타고 진도와 화원반도 가는 길목, 황산면 '애너머 고개' 너머엔 '우황리 공룡 화석지'가 있다. 그 남쪽으론 '국사봉'이 있고 앞이 탁 트인 庫千

巖湖가 바라보이는 갈대밭이 널브러진 곳, 그곳에서 먹이를 주워 먹고 '둥지를 틀기 위해 날개를 화~ㄹ짝 편 채 내려앉을 듯한 형국'이다. 영령들이나 영혼들도 편히 쉴 안식처인 명당 자리가 필요할 터이다.

읍 사무실로 돌아온 우리 일행은 劉회장으로부터 앞으로의 사업 계획 설명을 들었고, 점심을 함께한 후 주마간산을 하기로 했다. 초의선사 유품 등등을 얘기하며 大興寺까지는 약 4km 거리라고 했다. 초입에서 車의 방향을 돌리면서 다음 기회로 미루자고 했다. 약수터를 지나 강진만으로 향했다.

어느새 '비래도'에 닿았다. '강진 청자자료靑瓷資料 박물관'이 건너 보이는 곳이다.

만덕호의 반듯한 제방을 지날 때 즈~음, 왼쪽 만덕산에 '백련사'가 있고, 그 밑 자락엔, '茶山 초당과 유물 전시관'이 자리하고 있다고 멀리 보이는 하얗고 파~아란 표시물을 가리켜 주었다. 다음을 위해 남겨 둔단다.

1801년 음력 11월 21일, 초겨울의 쌀쌀한 날씨에 茶山 정약용과 그의 仲兄 정약전은 천리 유배지의 갈림길인 주막집 율정점栗亭店에서 兄弟간 마지막 同宿 했다. 다음날 茶山 정약용은 강진으로, 仲兄 정약전은 흑산도로 향하면서 지은 詩, '栗亭의 離別'에서 茶山과 그의 仲兄은 다음과 같이 오열嗚咽 하였다.

「茅店曉燈 靑欲滅이요, 起視明星 慘將別이라.
　　모점효등 청욕멸　　　　기시명성 참장별

; 주막집 새벽녘 등불 푸르스름 꺼지려는데, 일어나 샛별 보니 이별할 일 참담해라.

脉脉嘿嘿 兩無言이요, 强欲轉喉 成嗚咽이라.
맥맥묵묵 양무언　　　　강욕전후 성오열

; 눈만 말똥말똥 둘 다 할 말 잃어, 헛기침하다 오열하고 마누나.」

仲兄 정약전은 흑산도에서 병사했고, '玆山魚譜'라는 명작을 남겼다.
　　　　　　　　　　　　　　　　　　자 산 어 보

비상/飛翔

멀고 머~언 하늘길 왕복한 후
미련 없이 생을 마감한 제왕나비*

무리로부터 낙오되지 않기 위해
오로지, 군집群集*과 함께하면서
힘을 비축한 후 번식할 준비가 되면
봄날, 짝 찾아 비상飛翔*해야 하나니

은하에 금빛별 가루 뿌리며
높~고 파~아란 하늘로 하늘로
아름다운 비상飛上*을 해야 하는
멀고도 머~언 그들의 여정

헤아릴 수 없는 자연의 신비
거스를 수 없는 자연의 순환 현상

[註]
*제왕나비 : 멕시코 에서 북미대륙까지 왕복한 후 생을 마감하는 나비.
*군집/群集 : 일정한 생물체들의 무리 모임.→*群集가운데 서열이 없는 동물들에겐
 그간의 비축한 힘이 生과 種의 보전을 左之右之한다고 함.

*비상/飛翔 : 공중을 이리저리 날아다님.→*飛 : 날 비. 翔 : 이리저리 날 상.
*비상/飛上 : 하늘 높이 곧장 날아오름.→*飛 : 날 비. 上 : 위로 상/위 상.

창포주/菖蒲酒

端午때의 菖蒲酒*란
  단오   창포주

不辜人*이라 했다던가
불고인

非夢似夢*에 虛情世月*이라
비몽사몽   허정세월

그네[鞦韆]타는 여인네의 화사한 치마폭 사이로
    추천

어김없이 우리네 곁에 오는 端午節,
                    단오절

상상에 무감각했던 心粉紅*감자 꽃,
                심분홍

夏至 무렵이 되었음을 꽃 색이 알린다.
하지

올핸 햇감자가 祈願한 만큼 풍성하려나
              기원

비[雨]가 오지 않으면,
 우

하지 땐 祈雨祭*를 지내야 한다는데…
      기우제

[註]
*창포주/菖蒲酒 : 창포 잎을 넣고 담근 술.→*菖 : 창포 창. 蒲 : 부들 포.
*불고인/不辜人 : 사람을 허물하지 않음.→*辜 : 허물 고.
*허정세월/虛情世月 : 의미 없이 보낸 세월.→*虛 : 빌 허/헛될 허.
*비몽사몽 허정세월/非夢似夢 虛情世月 : 어렴풋한 상태에서 의미 없이 보낸 세월.
*심분홍/心粉紅 : 꽃 심 쪽으로 분홍색이 점점 짙어감.→*粉 : 가루 분(紛 : 어지러울 분).
*기우제/祈雨祭 : 비가 내리기를 빌던 제사.→*祈 : 빌 기/기도 기. 祭 : 제사 제.

첫사랑의 맛

어느 詩人은 첫사랑을
"라일락 꽃잎을 씹고 난 뒷맛,
씹어보지 않고서는 표현할 수 없는 그 맛"
바로 첫사랑의 맛이라고 절절히 말했다
아직도 가슴속에 알알이
박제*로 남아 있는 그 맛이라고도 했다

또, 다른 詩人은 첫사랑을
"칠월의 청포도가 알알이 익기 전,
떫고도 풋풋한 그 맛이다"라고도 했다

그렇다면,
내 첫사랑의 그 맛은 과연 무슨 맛일까?

*박제/剝製 : 동물류의 내장과 살을 제거하고 그 속을 다른 것으로 메워 하나의 표본을 만드는 것.

눈부신 여름날

작열하는 땡볕 속에서

태양을 머리에 인 잎새들이
맘껏 쏟아내는 언어들로
초록빛 시인이 되어
눈부신 여름날 새벽녘,
명상과 함께 오늘을 연다

세월은 흘러가는 것이 아니라
그냥 채워져 가는 것, 하여
하루를 보내는 것이 아니라
그 무엇이 채워져야 하는 것,
오직 지켜져야 하기 때문이다

삶은 쉼표를 찍어야 할 때가 있고
마침표를 찍어야 할 때가 있는 것,
날 지키기 위해 쉼표를 찍는 날
쉼이란 곧 삶의 충전이지 만,
언젠가는 마침표 찍을 그날을 위해서이다

▶제갈량의 부채

학우선/鶴羽扇

三伏炎天(삼복염천)에도 사람들 마음을

시원케 해주는 부채, 扇子(선자)

智慧(지혜)와 策略(책략)의 化身(화신)

諸葛亮(제갈량)*의 부채, 鶴羽扇(학우선)

그의 아내[妻(처)]가 건네준 깃털 부채

"大事(대사)를 圖謀(도모)하려면,

感情(감정)을 드러내지 말고 沈着(침착)하셔요.

이 부채로 감정을 가리셔야 해요"

智慧(지혜)로운 부인에 그 남편이라

諸葛亮(제갈량)의 손에 들린 鶴羽扇(학우선)이 없었다면

과연 그는 어찌 됐을꼬?

바람 일으키는 德扇
덕선

습기 없애는 德扇
덕선

땅에 깔고 자는 德扇
덕선

값이 저렴한 德扇
덕선

짜 만들기 쉬운 德扇
덕선

소나기 피하는 德扇
덕선

햇빛을 가리는 德扇
덕선

옹기 입구 덮는 德扇
덕선

위의 八德扇에
팔덕선

책략을 도모하는 鶴羽扇을 더해
학우선

'九德扇'이라 해야 한다
구덕선

*諸葛亮(181~234 AD) : 중국 後漢말의 인물이자, 三國時代 蜀의 宰相. 자는 孔明,
 제갈량   후한   삼국시대 촉   재상   공명
諡號는 忠武이었다. 諸葛亮의 '出師表'는 불후의 명작 문으로 전해진다.
시호   충무   제갈량   출사표

▶삼복 무더위에 계속되는 장마, 서민들에게 심신으로 시련을 겪게 하는 현실, 자비와 사랑으로 가득하다는 절대자의 불공정함에 마음이 편치가 않구나.

무지개/天 弓

먹구름 하늘에 구멍 뚫렸나~?

장대비 동반해 내리는 장마-長霖*
노 드리듯* 쏟아지는 장맛비-不避風雨*
인정사정 있을 리 없는 재해-自然災害*

한사코 낮은 대로만 흐르는 빗물
모이고 또 모여 휘몰아치는 격류
한 서린 서민들의 것들만 앗아간다

직도 돈도 없으니,
부도 권도 없는 서민들
색깔 없는 무지개-無色天弓*

저 높은 곳, 먹구름 뒤
밝은 하늘 가까운 곳엔

높은 사람들의 세상, 부자들만의 세상,

주여, 조금만 더 낮은 곳에 임하옵소서~!

[註]
*長霖/장림 : 繼續(계속)되는 긴 장마.

*노 드리듯 : 놋 날 드리듯 빗발이나 햇살이 곧게 드리운 것처럼 쏟아짐. →*輻射(복사).

*不避風雨/불피풍우 : 비바람을 피하지 못함/비바람[風雨(풍우)] 무릅쓰고 일을 함.

*自然災害/자연재해 : 폭풍, 장마, 홍수, 지진 등 자연현상으로 발생한 災難(재난).

*無色天弓/무색천궁 : 색깔 없는 무지개/보잘것없는 화려함. →*天弓(천궁)(무지개).

삼면이 바다

... 그중,
서해 바닷물 색깔은
동해 바닷물 색깔보다 더 어둡다
장강 수, 황하 수에 수억만 인이 그냥 버린 오물
우리의 서해로 일년내내 밀려 내려오기 때문에-

서쪽 하늘에선 동쪽 하늘에서보다
반짝반짝 빛나는 별 보기가 더 어렵다
수억 만인이 숨 가쁘게 내뱉은 숨 먼지가
편서풍에 실려 서쪽 하늘로 불어대기 때문에-

서해 바닷물고기는 씨가 말라 간다
어중이떠중이 대륙 선단이 씨알조차
투망 질을 해대기 때문에-

그뿐이랴,
붉은 깃발을 앞세운 동북공정東北工程이란
허수아비가 점점 유령으로 변해가면서
음흉한 의도가 서쪽에서 동쪽 우리 땅으로

지금도 야금야금 밀려오는 중-

그래서,
서쪽 바다가 동쪽 바다보다
서쪽 하늘이 동쪽 하늘보다
더 흐리고 어두워져만 간다

만재도/晩才島

공포는 늘~상,
머~언 서쪽 황사 낀 하늘에서 출렁이다가
스스로 거대한 괴물이 되어 음흉스럽게도 偏西風*을 타고
'해 뜨는 고요한 아침의 나라'로 스멀스멀 이동해 온다
낡은 동아줄에 그릇된 역사를 매달고 東北工程*을 꾀하다가
매판자본*의 탈을 쓰고 밤의 유령이 되려고 안달한다
뱃머리에 붉은 깃발을 꽂은 채 펄럭이며 동으로 또, 동으로
거친 파도를 타고 말선두리*닮아 사생결단으로 밀려든다

밤하늘에 반짝이는 별처럼 떠 있는 千四島*중의 한 섬,
황사 낀 공포와 맨 먼저 맞닥뜨릴 운명의 섬 晩才島*
발끝 곧추세워 땅끝[土末]마을에서 바라보아도 보일락 말락
짙푸른 바다 위에 가물거리며 떠 있어 짐작할 수조차 없는
검푸른 서해 한반도 서남단 땅에서 가장 먼 섬
첨단기지 역할을 도맡아 해야 하는 섬
뱃길로 다섯 시간 반 걸리는 해상에 떠 있는 섬 晩才島,
그곳에도 대한민국 국민이 살아가고 있다

세상에서 살아간다는 것
도대체 무엇이 관데~?

어찌해 인생은 이렇게도,

지리한 것인가-支離乎
　　　　　　　지 리 호
허무한 것인가-虛無乎
　　　　　　　허 무 호
진지한 것인가-眞摯乎
　　　　　　　진 지 호

[註]
*偏西風/편서풍 : 한쪽으로 치우쳐 西쪽에서 東쪽으로 끊임없이 부는 바람.
　서　　동
*東北工程/동북공정 : 중국이 自意로 (屬地, 屬人)主義를 내세워 왜곡된 역사 만들기.
　　　　　　　　　　자의　 속지　속인　주의
*매판자본/買辦資本 : 외국의 獨占資本에 의존한 隸屬된 土着資本.
　　　　　　　　　　　　독점자본　　　　예속　　토착자본
*말선두리 : 선두리 충(蟲)/물방개.
　　　　　　　　　　　충
*晚才島/만재도 : 전남 신안군 흑산면 만재도-신안 군내 흩어져 있는 1004섬(千四島).
　　　　　　　　　　　　　　　　　　　　　　　　　　　　　　　　　　　천사도
*만재도는 육지에서 가장 멀리 떨어진 섬[島]-木浦에서 뱃길로 다섯 시간 반 걸림.
　　　　　　　　　　　　　　　　　　　도　목포
*만재도에 사람이 산 지 320년 만에, 2시간 10분 걸리는 直港路가 2021년 5월 개통됨.
　　　　　　　　　　　　　　　　　　　　　　　　　직항로
*8월 8일은 '섬의 날', 2018년 3월 島嶼促進開發法에 준하여 '섬의 날'로 지정.
　　　　　　　　　　　　　　　도서촉진개발법
*우리나라 섬은 3,339곳. 그중 사람이 사는 섬이 470곳, 常時非常 인구는 157,000명
　　　　　　　　　　　　　　　　　　　　　　　　　　상시비상
　섬을 찾는 觀光客은 매년 6,590,000명, 無人島는 2869섬[島]이 존재한다.
　　　　　관광객　　　　　　　　　　무인도

71

천사도/千四島

외진 섬 조약돌*에 부서진 파도가
하얀 거품으로 높게 솟구칠 때마다
해오라기* 창공으로 날개 짓하며 비상*한다
불사조*가 양 날개를 활~짝 펴고
금방 비상*하려는 모양과 맞닿아있는 섬
할 매당-할 배당 숲, 후박나무 숲의 섬 - 千四島,

해오라기의 비상이 보이지 않는 겨울철
만발한 해당화가 붉은 동산으로 변하면서
자연소리에 휩싸인 섬 - 千四島,
마파람-샛바람-높새바람-하늬바람소리에
파도치는 영혼 소리가 들리는 섬 - 千四島,

신비스런 해식애*의 주상절리*가
태곳적 그대로의 보물섬이 되면서부터
千四島의 시간은 잠시 멈춰 선다

千四島 인근 바다에서 회유*하며 기~인 겨울을 난
조기 무리가 곡우 무렵이면 어김없이 북상한다
격렬비열도*를 꼭 지나야 하는 그들에게

어망에 잡힐 것이라는 카-톡 신호라도 보내고 싶다
거기, 그곳에서 잡힌 조기가 '곡우사리 조기'
부잣집 상에만 오른다는 참조기 때문이어서다

그들의 代를 위해 끝없이 도전하는 種의 생태적 본능,
그래서일까, 매년 연평도 근해 인당수*를 향해 그들은
때지어 한 겨울의 격류를 감행해야만 하는 운명인가 보다

[註]
*조약돌 : 파도에 씻긴 작은 돌멩이/낚싯줄에 매다는 무게 錘(봉돌).
　　　　　　　　　　　　　　　　　　　　　　　　　추
*해오라기/黑鷺 : 목 부위에 검은 깃과 흰 세로무늬가 있는 새.
　　　　흑 로
*비상/飛翔 : 공중을 이리저리 날아다님.
　　비 상
*비상/飛上 : 하늘로 곧장 날아오름.
　　비 상
*불사조/不死鳥/Poenix : 이집트 신화에 나오는 새.→*향불에 타죽은 후 500년마다
　　　불사조
다시 태어난다는 새[鳥].
　　　　　　　　조
*해식애/海蝕崖 : 파도의 침식과 풍화작용으로 형성된 해안 낭떠러지 바위 모양.
　　　해식애
*주상절리/柱狀節理 : 파도의 침식과 풍화작용으로 생긴 바닷가 기둥 같은 바위 모양.
　　　　주 상 절 리
*회유/回遊 : 물고기가 알을 낳기 위해 정기적으로 때지어 다니는 모양.
　　회유
*격렬비열도/格列飛列島 : 충남 서천 서쪽에 있는 열도 - 충남에서 가장 멀리 있음.
　　　　　　격 렬 비 열 도
*인당수/印塘水 : 서쪽 바다 近海에 용왕이나 어룡이 있다는 전설적인 곳.
　　인 당 수　　　　근 해

73

파상의 변화/波狀의 變化

아파트 숲 사이사이로 가을 기운이
지친 우리네 맘속으로 스며드네요

살며~시 창문을 열어봐요~
열기 식어가는 끝물 여름 냄새가
서늘한 가을 기운과 함께 여름 내내 찌든
우리네 가슴속으로 적셔들 거예요

활~짝 창문을 열어봐요~
갓밝이* 동살*이 비친 새벽녘
돛단배에 꿈같은 소망을 싣고
우울했던 우리네 가슴속으로
밀물처럼 살며시 밀쳐올 거예요

힘~차게 창문을 열어봐요~
세상 새로운 변화의 물결이
밀려드는 파상波狀*처럼
잔잔했던 우리네 가슴속으로
깊숙한 변화變化가 시작될 거예요

이젠,
마음의 창문을 진심으로 열어봐요,
우리 모두 함께 천국이나 극락을 향해
예측할 수 없는 우리들의 세상이
가슴속으로 화~짝 펼쳐질 거예요

*갓밝이 : 동틀 무렵/새벽녘.
*동살 : 동틀 녘에 비치는 햇살.
*파상/波狀 : 물결의 起伏現狀(기복현상). →*물결이 上下로 오르내리는 현상.

▶食水 '마신다'의 源泉地

상주 골/尙 州

칠월도 끝자락
처음 밟아보는 땅,
옥토* 상주 골이라

짙은 잎 새까지도 생기 차 번들거리고
마주치는 이들의 모습에서조차
희망이 가득 찬 땅 명승지 상주 골,

옛 영광이 허명무실*치 않고
더해, 하늘이 내린 상주 곶감까지라
이런 땅에 삶의 터전을 둔 佳人선생
하여, 그토록 활기찬 삶을 진행하고 있나?

동행한 夕霞선생,
풍부한 사고에 다정다감한 성정性情
그 인품과 더불어 행복해진 동행자 順 道...

[註]

*옥토/沃土 : 기름진 땅.

*허명무실/虛名無實 : 헛된 이름만 있고 실속이 없음.

→*有名無實 : 이름만 그럴듯하고 실속이 없음.

▶詩가 있는 아침 마당

8월 보내고 9월을 맞으며

당신만큼 좋아했던
팔월도 저물어 가네요

가고 나면 깊게 흔적이 남겠지만
그동안 부지런히 열심히 살았으니
마음만은 참으로 홀가분했다던
박경리 님의 그 심정일 것입니다

원 없이 무더웠고, 비도 내렸지요

틈틈이 차[茶]를 마시며 그립고
보고 싶은 사람들 생각을 하면서
자신을 되돌아보는 여유로움도
가져보았답니다

팔월 한 달도
나의 일 년 12개월 중

의미 있게 보낸 달이 되겠지요

팔월 보내고 구월이 되면,
時-空으로 아름답고 뜻있는
그런 달로 맞이할까 해요

▶한국전쟁 정전 70주년인 2023년 6월 25일을 기해, 참전 용사 1,400명에 대한 사진 촬영, 인터뷰 영상 기록을 사진액자에 담아 전달하는 프로젝트로 기획된

순례/巡禮

　　한국전쟁 참전 용사 중 워싱턴 DC 기념 공원에 판초를 입은 채 총을 든 19명의 동상 모델 가운데 96세인 윌리엄 빌 웨버 예비역 육군 대령이 첫 巡禮者로 선정된다. 그가 기념 사진액자를 받고, "매우 마음에 든다며 보답으로 어떻게 해주면 되겠느냐?"라고 묻기에, "선생께서는 이미 70여 년 전에 한국에 지불을 다 했습니다."라고 대답했더니, 웨버 씨, "당신네는 내게 빚진 것 하나도 없다. 그렇게 생각하면 안 된다. 세계 어느 나라 국민이든 누구나 自由를 가진 사람들에겐 '義務'라는 것이 있다. 그 義務란, 아예 自由가 없거나, 自由를 빼앗긴 사람들에게 그 自由를 되찾아주고 지키게 하는 것이다. 우리가 한국전에 참전한 것도 그 自由를 지키고 전달하기 위함이었고, 그것은 우리 自由人의 義務다. 다만, 우리가 당신들에게 自由를 얻게 했으니, 당신들도 그 義務가 생겼다. 북녘 동포들에게 自由를 전달하는 것, 바로 그것이 당신들의 義務다. 당신들이 그 義務를 다했으면 한다."라고 그는 힘주어 말했다.

　　미국 남북전쟁 이후 지금까지 전쟁 중 부상으로 팔다리를 이중으로 수족을 한 채 현역으로 복무한 첫 군인이었던 웨버 대령은, "내 한쪽 팔다리가 없는 것보다 한반도가 분단 돼 있는 현실이 더 가슴 아프다."

라고 힘주어 말했다. 이 한마디 말은 나에게 이루 말할 수 없는 커다란 충격을 주었다.
　우리는 지금까지 韓半島의 自由를 위해 과연 무엇을 했단 말인가? 또 무엇을 하고 있으며, 정녕 앞으로는 무엇을 해야 한단 말인가? 머릿속이 하얗게 변질되면서 갑자기 윙윙거렸다
　　　　　- 편작 순 도.

치자 향/梔子 香

칠월엔,
우리 가슴팍 문을 활짝 열어 봐요~
멀미 풍기는 치자 꽃 단내 향을 위해

그때, 비로소
그윽한 향이 된 치자 꽃향기가
영원한 기쁨과 행복감을 줄 거에요
잊을 수 없는 첫사랑 같은...

약속 지키려 애쓰는 연인들처럼
칠월에 하얗게 피었다가
팔월엔 노랗게 지는 꽃, 그리고
그 향기-잊을 수 없는 향기...

[註]

*음력 칠월을, '蘭月, 蘭秋'라고도 부른다.

*蘭香은 방문을 닫아야 방안이 香으로 그윽해진 반면, 梔子香은 창문을 열어야 비로소 그윽한 香이 된다. 이는 단내 풍기는 梔子香이 멀미 날만큼 찐해서 그렇다. 七月에는 치자 꽃잎이 점점 커지며 圓形같이 변해서 마치 水菊 같은 순백색의 결혼 드레스가 생각날 정도로-하얗게 겹꽃으로 피었다가 八月이 되면 샌 노랑으로 고요히 지는 特異한 꽃이기 때문이다. 수수하면서도 優雅해서 은근살짝 魅力적인 꽃이다.

▶한둘 퇴색해져 가는 民俗節

민속절/民俗節

忘却(망각)속으로 한둘씩 사라져가는

이런저런 傳承(전승)의 民俗節(민속절)

그 중,

음력 6월 15일의 流頭節(유두절)

'流頭(유두)'란 '西流水(서유수)* 頭沐浴(두목욕)'의 준말

이십사節氣(절기) 중 열두時令(시령)으로서

신라시대 때부터 傳承(전승)되어 오던

민족 고유의 歲時風習(세시풍습)이었나니~

"萬物(만물)의 氣가 가장 왕성한 三伏 節에 農夫(농부)들 하던 일 잠시 잠깐 접고

西 쪽으로 흐르는 물[西流水(서류수)]에 머리 감고 목욕[頭沐浴(두목욕)]하고 나서는

頭流天神께 告祀 지내고 歆饗한 후 술과 유두 음식 먹으며 氣 살려

厄運을 없앴나니, 三伏炎天무더위도 더위 먹지 않고 健康해진다"라고

전해 내려온 民族名節의 固有風習도 有耶無耶* 잊혀 가나니,

時相의 變化가 無禮해져 가는 이 시기 이후부터

귀 뜨리[蟋蟀] 울음소리가 어김없이 들리기 시작하리라.

[註]

*西流水 頭沐浴에서 '西流'는 원래 중국 고전에선, '東流'이었다.

중국은 지형상 東으로 江이 흐르기 때문이었으리라. 그러나, 우리나라는 거의가

西쪽으로 江이 흐른다. 하여, 變換하여 詩作했음이다.

*유야무야/有耶無耶 : 있는 듯 없는 듯 흐지부지함.

귀뚜라미/蟋蟀

초가을 초저녁,

앵봉산* 처진 자락 숲속
애간장 녹일 듯 울어대는 귀뚜리 소리
짝 찾는 처절한 몸짓 소린가, 울음소린가?
詩香을 뽐내는 詩낭송경연장 같구나~

끝자락 무더위도 숨차하는 데-

계절변화에 연이은 하 좋은 이 시절
지금 내가 즐기지 않으면 - 今我不樂,
                          금 아 불 락

세월은 지나가 버린다네 - 日月其除
                          일 월 기 제

무사태평치 말고 세상일도 참고하면서
즐기기에 너무 지나침이 없도록[過寡]
                              과 과
여러 가지로 힘써 삼가하기를[瞿瞿]
                            구 구
지각 있는 이들이라면 늘 상 조심해야 하리라

[註]

*앵봉산/鶯鳳山 : 西五陵 뒷산.

*蟋 : 귀뚜라미 실. 蟀:귀뚜라미 솔. *蟋蟀 : 귀뚜라미/귀뚜리.→'促織'이라고도 한다.

*除 : 갈 제/지나갈 제. *瞿 : 놀랄 구/두려울 구.→*瞿瞿 : 힘써 삼가는 모양.

*위 詩는 「書經」에서 語彙를 拔萃한 詩作이다.→*書經은 중국 周 나라 때부터~ 春秋時代 까지, 많은 詩를 305편으로 축소 시킨 儒家의 經典이다.

중구/重九

九月 九日은 九가 重複 날, 하여 重九

이를 重陽節, 菊花節이라고도 한다

산과 들로 나가 菊花나 丹楓을 소재로 한

菊花酒에 詩想을 떠올리고 詩를 짓고 읊으며

국화전[煎]에, 국화주[酒]에, 歲時飮食을 즐기면서

우리의 산하를 感想하며 遊覽했나니,

九月 九日은 重九, 九가 겹친 날,

한국 詩人協會에서는 창립 50주년을 맞아

現代詩人 10명과 그들의 代表詩를 발표했나니,

「金素月의 진달래꽃

　韓龍雲의 임의 침묵

徐廷柱의 동천
서 정 주

鄭芝溶의 유리창
정 지 용

白 石의 남신의주 유도 박시봉
백 석

金洙暎의 풀
김 수 영

金春洙의 꽃을 위한 서사시
김 춘 수

李 箱의 오감도
이 상

朴木月의 나그네
박 목 월

尹東柱의 새로운 길」 등이다.
윤 동 주

▶千·年·香

들국화

눈뜬 나날:...

시월[十月]도 끝자락
행여 그곳에 가면,
지금도 피어 있을거나
서오릉 뒤편 앵봉산*자락

젖은 길섶 풀 헤치며
이른 아침부터 나선 길

즈믄* 밤 무서리에도
香 품은 들국화
참으로 보고팠던
영원히 잊지 못할
千·年·香 들국화 香...

*앵봉산/鶯鳳山 : 서오릉 뒷산.
*즈믄 : 천/千의 옛말. →*즈믄 밤/千日 夜.

그리운 당신

별들이 금방 쏟아질 듯
청명한 가을하늘 밤
꿈속에서 난,
당신을 보았다오

그리운 당신~

당신과 함께 거닐었던 길
옛 발자취의 그리운 향내가
이끼 낀 기왓장처럼
그곳에 그리움으로 남아
차곡차곡 쌓여 있더이다

그리운 당신~

꿈속에서도 당신 생각에
가슴이 먹먹해져 그만,
회한이 복받쳤다오

그리운 당신-

사랑했던 날보다
더 많은 날 들을
당신만을 그리워하며
보내버린 긴 세월,
그 세월 꿈속에서조차
보고 싶은 당신

오! 그리운 당신~

[註]
제임스 딘(JAMES DEAN) :
1955년 9월 30일 오늘, 24세의 젊디젊은 나이에 死亡.-죽음은 그에게 永遠으로 향하는 關門이었을까? 그가 죽은 뒤 上映된 두 편의 映畵, <이유 없는 반항>과 <자이언트>는 空前의 히트작이 되었다. 그의 데뷔작 <에덴의 동쪽>과 더불어 단 3편으로 前無後無한 傳說의 俳優 '제임스 딘'이 되어버린다. 그는, 作品마다 거칠고 抵抗적 演技로 당시 젊은이들의 偶像(Idol)이었다. 특히 중얼거리는 말투와 곁눈질, 눈을 가늘게 뜨고 흘겨보는 모습의 연기는 反抗의 象徵이 되었다. 그것은 그의 視力障碍 때문이었다고 한다. 당시 그 사회가 그러했듯 그는 많은 Scandal을 일으켰지만, 惟獨 '피어 안젤리'만을 眞心으로 사랑했다. 여자 쪽 가족의 反對로 結婚成事가 안 된다. 그는 후에 그녀의 男便이 된 俳優 '빅 데이먼'을 만나 "안젤리를 幸福하게 해 달라"는 말을 남긴 3일 후, 스포츠카를 過速으로 몰다 트럭에 衝突한 交通事故로 死亡한다. 그에게, '사랑의 힘'은 행복이 아니라 죽음에 이르는 暴力이 되고 말았다. 지금 그는 HOLLYWOOD 언덕 위에 彫刻되어 變身된 石像으로 서 있을 따름이다.

사미승/沙彌僧

形形色色 곱디고운 단풍잎

엊그제 내린 孟冬雨*에

우수수 落葉으로 지고 이젠,

겨울 채비 한창이겠구나~

이즈음,

詩·歌에 능했다던 松江 鄭澈,

關東골 山行중

어느 山寺에 들어 읊었다는

그의 詩 - 五言絶句,

「蕭蕭落葉聲 우수수 낙엽 지는 소리에

錯認爲疎雨 성긴 가랑비 소린가 하고 착각해서

呼沙彌門看 사미승 불러 문밖에 나가보라 했더니

月掛溪南樹 시냇가 남쪽 나무에 달 걸려 있다하네」
월괘계남수

[註]
*孟: 맏 맹/첫 맹/처음 맹.→*孟冬: 초겨울.
　　　　　　　　　　　　　　맹동

*孟冬雨: 초겨울 비.
　맹동우

*沙: 모래 사/사막 사. 彌: 널리 미/두루 미.→*沙彌: 佛敎Sramanera의 音譯.
　　　　　　　　　　　　　　　　　　　　사미　　　　　　　　　음역

*沙彌: 佛門에 들어가 아직 수행이 미숙한 남자 僧으로 '沙彌僧'이라 하며,
　사미　　　　　　　　　　　　　　　　　　승　　　사미승

*여자 僧은 '沙彌尼'라고 함.→*沙彌僧↔沙彌尼.
　　　승　　사미니　　　　사미승　사미니

오일장

해 질 녘 허허로이 저물어 가는 罷市(파시)

돌고 돌아 닷새 만에 다시 선 五日場(오일장)

돗자리 만 한 널판때기에 어지럽게 전시한 萬物商(만물상)

이것저것 얼키설키 펼쳐 논 品들이 各樣各色(각양각색)이다

이런저런 事緣(사연)들이 모인 장터

구수하고 풍성한 地方土俗(지방토속) 오일장,

"산지서 금방 실어와 서 싱싱 하 당 께로

잇속 쫴~끔 붙였는디 영~판 싸 당 께로

덤도 있고 라우~ 이참에 하나 더 줄 팅 께로

얼른 가져가 부러 랑게 ~"

허기 쉰 목소리에 배뱅이굿, 却說(각설)이 打令(타령)

가는 곳마다 地域別(지역별) 색깔 짙은 오일장터,

"역마 성이 들어 이장 저장 돌아다님시롱
이렁저렁하다 봉께로 장똘뱅이가 되어부렀소
어찌어찌하다 봉께로 만물상 쥔이 되었어라우~"
허공에 자주 내뱉는 인생사 푸념이자 自嘲語다
　　　　　　　　　　　　　　　　자 조 어

이승에선,
막걸리 한 사발에 받은 기침하며 짐바리 자전거에
만물상 한가득 싣고 써~커~스 줄타기하듯 하면서도
줄 창 오일장만 찾아다니던 그...
저승에선,
어떤 오일장을 보내고 있으려나?

▶抒情이 가득 스민 敍事

옛날 짜장면/手打麵

지난날까지만 해도 꺽지 벗 10년이라고들 했다
그러나, 時流의 시쳇말은 時時刻刻 급변함이라
　　　　　　　　　　　　시 시 각 각

그렇다면, 근래 들어 친구 사이의 나이 타령은
'上八·下八'-'위로 8살·아래로 8살'이라 하나니,
16살 나이 차이도 친구가 될 수 있다고 하는
듣기에 솔깃한 뜻을 지닌 弄翰戲語*가 있다
　　　　　　　　　　　 농 한 희 어

그간, 漢字·漢文의 소통 환경 속에서 남다르게 친숙한
교류가 있어 왔고 나와는 9살 차이가 난 분이 뜨거운 햇살이
춤추던 어느 날, '옛날 짜장면-手打麵'을 꿀맛처럼 언급했다
　　　　　　　　　　　　　　　　수 타 면

그러던 차-
햇볕이 쨍쨍 내리쬐던 그날-8월 10일 일요일,
그 유명한 '옛날 짜장면집'으로 초대되었다

맛과 냄새, 먹는 즐거움이 과거 속 오가는 추억거리들로
宣行을 한 깊은 뜻이 깃들었으니 매우 알차고 情意로웠다

늘 찐 무더위 속에서도 우린 호수 변을 유유히 거닐며 담소했으나,
너무 더워 叩九頭 碑石*까지의 역사 탐방 예정은 일단락 접었다

한 가게 앞에서 해어질 때, '겉 조리 김치 한 움큼' 냅다 안긴다
졸지에, 냉큼 받아 든 독거노인의 눈가엔 여름 햇살보다 더 뜨거운
붉어짐이 갑작스레 눈시울이 뜨거워진다

[註]

*짜장면 : 2011년 8월 31일 국립국어원이 '짜장면'을 標準語로 認定함.

*弄翰戱語 : 弄談과 落書/落書와 弄談.

*手·打·麵 : 손으로 직접 麵을 뽑아내는 것. →*수타 짜장면.

*叩九頭 碑石 : 조선 제16대 임금 仁祖(李 倧)가 1636년 丙子胡亂이 일어난 그
이듬해, 잠실 三田渡에서 淸의 태종에게 항복하면서 叩頭禮를 행한 恥辱의 碑.

▶생동하는 거리박물관

인·사·동/仁·寺·洞

鐘 路, 서울의 상징 氣의 源泉이라

아침나절 구름[雲]처럼 모여[從]들다, 해질무렵 바람[風]처럼

거리[街]로 흩어진 사람 사람들. 하여 '雲·從·風·街'라 했다던가

名聲 자자했던 그 이름 예사로울 리 없으니

年季의 時·空을 이어온 鐘 路의 正體性이다

안국동에서 3·1 路로 이어지는 傳統文化의 거리 일 번지

仁·寺·洞

하루에도 수많은 사람이 오가는 역동성 있는 核心通路

옛것들이 오밀조밀 조화롭게 현대판 歷史 위에 차곡차곡 쌓여

고스란히 나타내 보여주는 숨 쉬는 종로 거리博物館

仁·寺·洞

寬仁坊의 '仁'자와 大寺洞의 '寺'자가 합하여

'仁寺洞'이라 했음은 역사적 行積이었음이라

外國人이 유난히도 많이 찾기에 유명해진 거리

世界人들이 가장 가보고 싶어 하는 거리

엘리자베스 여왕도 認定했다던 전통문화 거리

仁·寺·洞

「인사동에 와서도 인사동을 찾지 못하는 곳
동서남북에 서 있어도 동서남북이 보이지 않기 때문
그렇게 찾기 어려운 인사동이
東은 낙원동으로 빠지고 西는 공평동으로
南은 관훈동으로 사라지니 인사동이 인사동일 리가 없다.
종로 1,2,3,4가가 어우러져 하루 수만 명의 발걸음이
밀려왔다 밀려가는 사람들의 물결.
거기 가거든 반갑다고 人事, 仁寺 나 하라.」

이처럼, 李生珍 시인은 몇 줄의 詩로 일갈했듯이

점점 퇴색해져 가는 仁寺洞거리

고풍스럽던 雰圍氣가 점점 스러져감은

고즈넉한 仁寺洞의 情緖와 맞닿아있질 않고

번들거리는 '觀光特區'로 유명 해져 가기 때문이리라

옛 문화의 예술적 가치와 그 眞髓는 무엇일까?

철학과 영혼이 없는 開發을 이젠 그만 멈추고

역사성을 보존하고 그 魂을 아우르는 開發,

전통이 살아 숨 쉬는 古典的 거리문화로 보존했으면 함이라

하나님, 하느님, "길은 열려 있기 마련이다"라고 했습니다.
그 길을 보여 주시 옵 소서~

"내게 능력 주시는 자 안에서 내가 모든 것을 할 수 있느니
내가 선물을 구함이 아니요, 오직 너희에게 유리하도록
과실이 번성하기를 구함"이라
아~ 멘!

서오릉 숲길

어제오늘 지금,
交易 幅의 숫자 喜悲 間의 소식
病·疾 亂世 속에서
숨 막히는 일상을 훌훌 벗어나
낙엽 지는 서오릉 숲길 걸어보니
淸淨하다는 淸溪山의 쟁쟁한 새鳥
그들만이
自然과 調和를 잘 이루는 것이 아니외다

해 질 녘 西五陵의 짙은 땅거미에서도
먹 새, 박 새, 등 고비, 곤줄박이가
우듬지*를 잘도 넘나들며 부지런히
鱗鱗*의 樹皮*속에 든 먹이 찾아
자연의 질서에 順應하면서
조화롭게 잘 適應하고 있더이다.

景陵, 明陵, 翼陵, 昌陵, 弘陵,
평화롭게 잠든 왕후들의 五陵
저녁놀이 여물어가는 늦가을 夕陽 무렵

御路*와 香路*를 들고 나고 해보니

역사의 흔적들이 孤寂했지만,

가슴 뿌듯하더이다

[註]

*우듬지 : 나무 꼭대기 줄기/Tree tops.

*鱗鱗/인린 : 물고기 비늘, 비늘구름, 잔잔한 물결, 나무껍질 등의 아름다운 형태.

*樹皮/수피 : 나무껍질/껍데기.

*景陵/경릉, 明陵/명릉, 翼陵/익릉, 昌陵/창릉, 弘陵/홍릉.→*西五陵.

*御路/어로 : 祭香을 드리기 위해 왕이나 군주만이 걸어가는 길.

*香路/향로 : 祭香을 드리기 위해 축문을 들고 걷는 길.

산책/散策

왠지,
오늘은 걷고 싶다

寂寞과 孤獨이 交叉될 때면
가끔은 걷고 싶어진다

十月의 마지막 풍경을 玩賞하며
그냥, 느릿느릿 걷고 싶어서이다

살아가면서 잠시 쉼의 시간은
餘白의 時間이란 생각이 드나니
世塵 속 또 다른 世上 속에서
느리게 느리게 사는 삶도
살아보고 싶어서이다

한가을 十月 끝 주말을
여유롭게 끝맺음하고
해 질 녘 낙엽 지는
서오릉 숲길을 거닐면서

歷史를 反芻하며
自我를 反省하며
散策을 해야겠다

낙엽 때문에

지극히 고독했던 남자 브람스(Brahms),
이루지 못할 사랑의 괴로움으로
깊은 고독에 빠져 쓸쓸했던 그림자가
그에게 항상 드리워졌어야만 했으니
응당 받아야 할 까닭이었을까?

낙엽 지는 가을이 되면,
브람스 곡만을 선택하는 사람들, 그것은
낙엽 태우는 정경과 흡사한 내면적 태움에다
가슴속 고독을 활활 불사르고 싶었기 때문이리라

클라라,
이 쓸쓸하고 외로운 가을밤엔
결코 당신 곁에 가지 않으리라 맹세했다오
그러고는 매일 밤 난,
외로움에 못 이겨 당신에게 가지요
쓸쓸하게 지는 낙엽 때문에...

이젠, 모~든 자제력을 다 잃어간답니다

오~!
주의 선택으로 오시는 이 여,
축복이 있으리라 – 베네딕투스*

... 브람스[Brahms]*

[註]
*베네딕투스 : 'Benedictus qui vent'로 시작되는 라틴어 찬송가.
 →'주의 이름을 인하여 오시는 자, 찬미함이 있을지어다.'-누가복음 1장 68절.
*Brahms(1833~1897) : 작곡가이자 피아니스트이었던 그는,
 Bach(1685~1750), Beethoven(1770~1827)과 더불어 고전음악의 '3-B'로 잘 알려져 있다. 그는 오페라를 제외한 음악의 모든 분야에서 불후의 작품들, <헝가리 춤>, <독일 레퀴엠>, <대학 축제 서곡>등을 남겼다. 소박하고도 인간적인 곡을 자신만의 풍부하고도 다양한 음악적 감정을 담은 곡들이다. 그의 음악은 매우 낭만적이면서도 고독의 괴로운 감정이 깊숙이 內在해 있다.
*Brahms는 스승인 Schumann과 14세 연상인 Clara(Schumann의 처)와의 삼각관계에서 40여 년을 오로지 그녀만을 사랑하며 평생을 독신으로 고독한 생을 마감했다.

지는 영혼/靈魂

2021년 11월 23일,
12-12 주역의 사망 뉴스다.

들불처럼 번지는 민주화의 도도한 물결, '서울의 봄'을
'혼돈'이란 교묘하고도 어설픈 명분으로
군사 쿠데타(Coup d'Etat)를 일으켰던 그,
늦가을 꼭 두 새벽녘을 일깨운 이른 아침 뉴스다

처박아둔 막걸리가 온전할 리 없다
벌컥벌컥 대며 시작한 하루
몽롱한 채 뒷산 앵봉산鶯鳳山에 오르니
혈흔처럼 뻘겋게 물든 낙엽
온 누리에 지천으로 널려있다

아이러니 컬하게도 극히 역설적인 것,

그때, 그 시절엔
붉은 피바다처럼 형해形骸가 되어버렸을 앙상한 낙엽이었지만

오늘, 이 시절엔

한 아름 가슴에 품고 싶은 곱디고운 낙엽이 되나니~

靈落한 靈魂은
영락   영혼

極樂 행일까, 煉獄 행일까?
극락   연옥

天堂 행일까, 地獄 행일까?
천당   지옥

그의 靈魂은 어디쯤 머물러 있어야 할거나?
    영혼

극한 마라톤/Marathon

세계에서 모인 내로라*한 Marathoner들,
지구상 해수면보다 더 낮은 곳*을 출발
개척 시대 이름표를 단 Death Valley*를 지나
Whitney Mt.*까지 극한 경쟁을 해야 하나니,
가장 힘들고 기~인 Marathon 여정

40℃를 넘나드는 大明天地*에
235km를 달려야 하는 최대 난 코스다

밤낮 쉬지 않고 질주해 인내심의 한계를
스스로 시험해 보고 싶은 Marathoner들,
정체성을 바로 세울 유일한 기회다

Death Valley - 죽음의 사막골짜기,
돌풍으로 변화를 거듭하는 모래언덕 모습,
한밤중에 모래폭풍 휘날려 서로가 마찰할 때면,
특유의 Death Valley Serenade 연주가 시작된다

기이한 것들이 모여있는 신비의 골짜기,
기류 타고 높이 상승해 묘기 뽐내는 콘도르*,
높은 바위산에서만 살아가야 하는
큰 뿔 산양의 생존을 위협한 존재들,
검은꼬리토끼, 발톱 도마뱀, 밤의 코요테,
5시간에 1.5km 기어가는 축구공만 한 거북이,
상시 마라톤경주를 하며 생존경쟁을 하는 곳이다

낙오되지 않고 목적지에 안착한 마라토너들,
지금 이 시각에도 솟구치고 있는
휘트니산의 雪山世界를 체험하려 모여든다

지구상에서 해수면보다 낮고 가장 뜨거운 곳,
Death Vally를 지나 Whitney산까지 경험한 그들은
그 누구도 체험하지 못한 두 극단의 세계를 경험하게 됨이다

[註]
*내로라(O), 내노라(X)
*데스 밸리/Death Valley : 美國 모하비 사막 북부, 캘리포니아주의 시에라 네바다 산맥의 국립공원이다.→*데스 밸리의 배드워터 분지는 해발고도, -82m로 북미에서 해수면보다 낮은 내륙 지역이다.
*시에라 네바다 산맥/Sierra Nevada 산맥 : 미국 캘리포니아와 네바다 주를 南北으로 가로지르는 거대한 산맥, 640Km 길이에 최고봉 Mt. Whitney로 유명하다.
*대명천지/大明天地 : 크게(大) 밝은(明) 하늘(天)과 땅(地)이라는 뜻.
*휘트니/Whitney : Mount Whitney로서, 미국 캘리포니아주 시에라 네바다 산맥에 있는 산. 미국에서 최고봉으로 해발 4,418미터 높이다.
*콘도르/Condor : 아메리카 대륙에서 서식하는 맹금류.

순환/循環

곱게 물들어가던 落葉(낙엽)도

다음 世代(세대)를 위해

자연 攝理(섭리)에 자신을 맡긴다

뒤 波濤(파도)가 앞 波濤(파도)를 밀어내듯

未戀(미련) 없이 아무렇지 않게

밀어내고 밀리면서 내려놓는다

循環(순환)의 眞理(진리)다

未來(미래)를 위해

우리 人間(인간)은 쉼 없이

야 울 야 울*해야 한다.

*야 울 야 울 하다/여울 여울 하다:조용하게 높이 높이 타오르다.

동심초/同心草

제1절

풀잎은 하염없이 바람에 지~고

만날 날은 아 득 타 기약이 업~네

무어라 맘과 맘을 맺지 못하고

한갓되이 풀잎만 맺으려~는 고

한갓되이 풀잎만 맺으려~는 고

「風花日 將老; 꽃은 바람에 시들어가고
　풍 화 일　장 로

佳期猶 渺渺; 만나볼 기약은 아득하기만 한데
　가 기 유　묘 묘

不結 同心人; 한마음이건만 맺지 못할 사람
　불 결　동 심 인

空結 同心草; 공연히 풀매듭만 짓고 있네요.」
　공 결　동 심 초

제2절

바람에 꽃이 지니 세월 덧없어

만날 날은 뜬구름 기약이 업~네

무어라 맘과 맘을 맺지 못하고

한갓되이 풀잎만 맺으려~는 고

한갓되이 풀잎만 맺으려~는 고

[註]

*우리들의 심금을 떨리게도 하고 울리게도 했던 노래. 우리의 情緖(정서)에 맞는 歌曲(가곡)으로서 역할을 제대로 했기에, '시인 金億(김억)이 중국 漢詩(한시)를 번안하고 金成泰(김성태)가 작곡했다'라는 사실을 알고 나니 갑자기 자신이 벌거숭이가 되어버린 느낌이라니...

*위 漢詩(한시)는 중국 唐(당)나라 여류 시인 薛濤(설도)(768~832)의 五言絶句(오언절구), '春望詞(춘망사)'가운데 제3首(수)로, 岸曙(안서) 金億(김억)(1983.11.30.~拉北(랍북)) 시인이 번안하고, 金成泰(김성태)(1910~2012) 작곡, 조수미, 엄정행 등이 노래를 불러, 우리네 마음을 사로잡았던 우리의 歌曲(가곡)인 줄로만 인식하고 살아왔다니...

▶평생 恨을 품고 살았을 賈島.

퇴·고/推·敲

초겨울 風情을 詩로 읊으려고 뭉그적거리다가

한참 지나 孟冬을 만나니 꽤 나 춥고 우울하도다

꿈속의 字·句를 날줄[經]과 씨줄[緯]로 엮어서

비단결 같은 現實의 詩로 품어보려니 過慾이라

하여 萬感이 오간다

평생 恨을 품고 살았을 賈島, '僧推 月下門'이라

스님[僧]이 달밤[月下]에 웬 문을 밀치려[推] 들었을꼬?

똑똑 두드림[敲]은 朝鮮의 禮儀範節이었거늘,

韓愈가 '퇴推'보다 '고敲'를 택했음은 先見之明이었을까?

推·敲의 苦心은 글 써본 이들은 다 안다

「다섯 글자 이루어 읊으려고 평생 쓸 맘 다 써버리고,
吟成 五字句 用破 平生心
한 글자 맘 편케 읊으려고 수염 몇 줄기나 비벼 끊었던가
吟安 壹個字 挺斷 幾莖髭」

위 詩처럼 圃隱 선생도 詩作의 어려움을 詩瘦*라고까지 했나니, 술 한 말[斗]에 백여 편의 詩를 쓴 李 白보다 땀 흘리며 퇴推와 고敲를 오고 간 杜 甫의 詩를 우린 잘 알기 때문에 더 높이 評價해서 愛誦함이라

[註]

*賈 : 姓가/값가.→*賈 島. 鬱 : 빽빽할 울/울창할 울/답답할 울.

*推 : 밀 추/밀 퇴.→*推·稿/퇴 고 : 미는 것과 두드리는 것/글을 지을 때 문장을 가다듬음.

*詩 瘦/시 수 : 詩를 곱게 다듬으려고 애씀.→*瘦 : 여윌 수.

*撚 : 비빌 연/비비 꼴 연. 莖 : 줄기 경. 髭 : 수염 자.→*挺 斷 : 비벼 끊다.

*賈 島/가 도 : 唐 시인.→*字-句를 열심히 음미하여 詩作했기에, 推·敲 시인이라 했다. 그 인연으로 당시 韓 愈와 친하게 교류했다.

*韓 愈/한 유(768~824) : 唐代 長安의 京兆(市長)로 賈 島와 친하게 交友로 교류했다.

*鄭夢周/정몽주(1337~1392) : 호는 圃 隱, 고려 三 隱(牧 隱/이 색, 圃 隱/정몽주, 冶 隱/길 재)의 한 사람으로 영의정을 지냄. 말년에 고려 사직 수호를 위하다가 善竹橋에서 피살됨.

파도/波濤

파도는
모래를 씻어내고
모래는
파도를 잠재운다

파도는
마음을 씻어내고
모래는
의식을 잠재운다

안식을 얻고 싶은 영혼처럼~

▶麗·順 사건과 濟州 4·3사건의 민주항쟁 상징화로 채택된 꽃, 冬·栢·花.

동백꽃/冬·栢·花

눈바람 속에서도 활짝 피는
선홍의 동백꽃, 冬·栢·花
송이채 목이지는 붉은 심장

순결함을 붉게 지닌 채로
열정을 다한 동백꽃, 冬·栢·花
쿵 하고 떨어지는 붉은 심장

돌이킬 수 없는 순수한 영혼
길~게 고개 숙일 넋들, 冬·栢·花
누구를 위한 순교殉敎련가?

[註]
*동백꽃/문정희,

지상에서는 더 이상 갈 곳이 없어
뜨거운 술에 붉은 독약 타서 마시고
천 길 절벽 아래로 뛰어내리는 사랑
가장 눈부시게 붉은 꽃은
가장 눈부신 소멸의 다른 이름이어~!

*여수 야화/김조항

무너진 여수항에 우는 물새야
우리 집 선돌 아범 어디로 갔나요?
창 없는 빈집 속에 달빛이 새어들면
철없는 새끼들은 웃고만 있다네.
가슴을 파고드는 저녁 바람아
북정 간 딸 소식을 전해주려무나
애미는 이 모양이 되었다마는
우리 딸 살림살인 호벅지더냐?
왜놈이 물러갈 땐 조용하더니
오늘에 식구끼리 싸움은 왜 하나요?
의견이 안 맞으면 따지면서 살지,
우리 집 태운 사람 얼굴 좀 보자

*여수 야화는 1949년 9월, 麗·順 사건을 다룬 대중가요다.
*김조항 작시, 이봉룡 작곡, 남인수 노래, 麗水夜花는 민심에 악영향을 초래할 우려
  가 있다며, 우리나라 첫 금지곡이 되었다.

▶한 번쯤 꼭 가보고 싶어지는 곳, 태곳적 정서가 무궁무진하게 깃들었던 곳,
 선남선녀들의 話頭마저 가두리 물속에 잠겨버린 玉井湖의 잊혀가는 그 역사...

옥정호/붕어섬의 외·앗·날

물에 잠기기 전 그곳,
백두대간白頭大幹*
쭉쭉 뻗어 내리는 산맥 자락
팔랑치八良峙*-육십령六十嶺*
굽이굽이 흘러내린 끝자락
아름답게 솟은 산봉우리가 어느 땐가
옥정호玉井湖 붕어섬의 외·앗·날*이
되어버린 그 역사歷史...

나날이 서럽도록 외로워진
붕어섬-외·앗·날이 물에 잠긴 채
모습 내민 뾰쪽 봉우리들의 섬
어느새 금 붕어섬이 되어버렸나?

따사로운 봄볕 햇살 한두 줌이
호숫가에 포근히 내려앉으면,

수면에 짙게 드리운 는개 비* 같은 물안개
살랑 이는 하늬바람에 외·앗·날 능선이를 넘어
호수 언저리 골짜기에 뽀얗게 내려앉는구나

물안개 속 은빛 윤슬*이 일렁일 때,
옥정호玉井湖의 옥색 호수면은
만고불변萬古不變*의 선경仙境이 되어버리네

뽀얗게 번진 새벽녘 안개 속에서
내가 仙境을 바라보고 있는 건지
仙境이 날 휘감아 도는 건지…

[註]
*옥정호/玉井湖 : 전북 임실과 정읍 사이에 있는 댐으로 형성된 갈 담 저수지.
*白頭大幹 : 백두산 '병사봉'에서 지리산 '천왕봉'에 이르는 길이 약 1,470km의 산줄기.
*팔랑치/八良峙 : 구름도 쉬어간다는 경남 함양군과 전북 남원 간 사이의 고개.
*육십령/六十嶺 : 六十峴이라고도 하며, 함양군과 장수군 사이의 고개.
*붕어섬 : 전북 임실군 운암면 옥정호에 잠긴 '붕어 형상'을 한 독특한 섬.
*외·앗·날 : 옥정호 한가운데에 생긴, '붕어 등허리 닮은 섬'.
*등 성 이 : 산 끝자락의 아름다운 봉우리가 댐으로 수몰되어 생긴 섬의 등성이.
는개 비 : '안개비'보다 좀 굵고 '이슬비'보다 좀 가는 비.→'는개'는 북한용어.
*윤슬 : 햇빛이나 달빛이 일렁이는 물결에 반사되어 반짝거리는 잔물결 현상.
　→*윤슬 : '물비늘/빛구슬'이라고도 한다.

길/道(路)

빗방울 따라 낙엽 지는
서오릉 앵봉산* 자드락길*을
터벅터벅 거닐었지요.

늦가을 첫 추위라고들 하던데-

귓불[耳朶]*스치는 쌀쌀한 바람 속
갈림길에서 에움길*을 택해
오솔길*과 후밋길*을 걷다 보니
푸서리길*과 돌너덜길*도 있더이다.

예전엔 미처 가보지 못했던 길
새로웠지만 조금은 쓸쓸한 길
늘~상 걸었던 길만 있는 것이 아니었고
세상엔 새롭지만, 외로운 길도 있더이다

살아가면서 걷는 길 - 인생길,
그 자체에만 길이 있는 게 아니잖아요
누군가는 그 길을 헤매다가

잘못된 길로 빠지기도 하고
묵묵히 한 길만을 가기도 하겠지요

오르막길이 있으면 내리막길도 있고
탄탄대로가 있는가 하면 샛길도 있으며
막다른 골목길도 있기 마련이겠지요

세상엔 오직 나만의 길이 있으려나?

그런 길은 Frank Sinatra*에게는,
"Oh! Yes, It was my way, did it my way."라고
흔히들 말하는 길이겠지요

'La Strada'*라는 영화 속의 그 '길'
안소니 퀸의 그 '길'에서처럼
허무와 후한이 교차하는 그런 길...

괴테의 '산책 길'과 '사색 길',
또는,

프로스트*의 '흔히 가는 길'과 '가지 않는 길'
이 두 갈래 길을 우리들은
항상 다니고만 있는 것은 아닐는지요.

[註]
*앵봉산/鶯鳳山 : 서오릉 뒷산.→*鶯:앵무새 앵. 鳳:봉황 봉.
*귓불/耳朶 : 耳 ; 귀 이, 朶 ; 늘어질 타.
　　　　이 타
*자드락 길 : 낮은 산기슭 길/야산자락에 비탈진 좁은 길.
*에움 길 : 빙 둘러서 가는 길/迂廻路.→*A long way around.
　　　　　　　　　　　　우 회 로
*후미 길 : 곱돌이 길/산길이나 물가의 휘어진 길.
*푸서리 길 : 거칠고 잡풀이 무성한 길.
*돌 너덜 길 : 돌이 많이 깔린 길.

*Frank Sinatra(1915~1998) : 성악가요 배우, 'My Way'라는 히트곡으로 유명해짐.
*La Strada(길) : 1950년대 물질적 성향이 압도했던 시대의 흐름에서 인간의 순수성
　을 고찰한 명화.
*프로스트/Robert Frost(1874~1963) : 아주 쉬운 문체로 인간과 자연의 대립을 詩로 읊
　어 많은 이의 사랑을 받은 詩人. 작품에, <보스턴의 북쪽>, <증인의 나무> 등등...

곤·을·동/坤·乙·洞

아담한 돌담 안팎,
안 거리, 밖 거리 옹기종기
저녁 밥상 앞에 모여 앉아 밥 한술
정답게 떠먹던 순진무구*한 이웃들

어느 날,
날벼락 맞은 피의 주연 장*이 되어버린
그래서 사라져 버린 마을, 坤·乙·洞*

각본*이 만들어 낸 이념理念*의 덫,
제주도 4·3사건의 아픔을 이젠,
원망도 원한도 그리고,
붉은 기다림* 조차도
파도에 떠나보내자

화창한 봄날 햇살 아래에서
옹이진 그 마음 까지 넘어서
모두 다 波濤에 띄워 보내자
   파 도

흥건했던 피의 물결[血濤]조차도...
              혈 도

[註]

*순진무구/純眞無垢 : 마음과 몸이 깨끗해 더러운 때가 없음/*순결무구/純潔無垢

*주연 장/主演 場 : 주로 연출되는 장소.

*곤·을·동/곤·홀·동 : 坤乙洞.

*각본(脚本/劇本) : 연극이나 영화를 만들기 위해 쓴 글.→*배우의 동작이나 대사, 舞臺裝置등이 구체적으로 적혀있다.

*理念 : Idea(哲).→*Ideolog(政治的 思想).

*붉은 기다림 : 붉은 동백꽃의 꽃말.

*동백꽃/山 茶 花
  -유치환-

그대 위해 목 놓아 울던
청춘이 꽃이 되어
천년 푸른 하늘 아래
소리 없이 피었나니
…, …, …
그날, 그대 위하여선
원통함이 설령 하늘만 하기로
다시 도, 다시 도, 아까울리 없는
아~ 아~ 내 청춘의 이 피꽃!

▶時流에 관한 詩流

공간과 의식/空間과 意識

空間이 意識을 지배한다고 강력히 주장했던 그,

靑瓦臺를 비워 시민들에게 돌려준다는 美名下에

예부터 인구에 膾炙되던 명당이라는 龍山으로 기필코 옮긴다

龍山의 대통령궁이라는 空間에서 대통령직을 支配 받던 그는,

終乃 12·3 內亂을 획책하고 만방에 頒布하기에 이르고 만다

自身의 獨房空間이 意識을 支配 한다고 믿고 있을거나(?)

至今에 이르러서도 무엇을 어떻게 생각하고 있을까?

空間의 支配를 받고 있다는 意識의 詭辯으로

자기변호를 펼칠 法理 窮理나 하고 있으려나?

이젠, 시민들의 意識이 국회라는 空間을 支配하고

國家를 成熟시켜 가고 있음을 覺醒했으면 함이다

그간, 空間이 意識을 支配한다고 주장했던

그의 意識 속엔 '巫神哲學'이 底邊에 자리하고 있었으리라

오히려, 意識이 空間을 支配하고, 그 空間에서

意識의 變化가 생긴다고 하는 '意識 變化過程'이라 함을

그가 覺醒하고 自重한다면 참으로 좋으련만...

안 산/鞍 山

한가을,

오르락 내리락 鞍山 능 허리길
가을맞이[秋迎] 긴 하루~

귓불[耳朶] 스치는 가을 소리
산새 소리, 개울물 소리, 落水소리,
물레방아 소리, 落葉지는 소리, 황톳길 걷는 소리...

가랑비 내리는 운치 속 自然의 律呂
詩 郎誦의 和音이
허기진 가을 산허리를 가득 채운다

存在의 詩

세상이
아름답게 보이고
아름답게 느껴지고
행복해 하는 것은

우리가 살아가는데
詩가 있어
詩를 읽고
詩를 쓰고
詩를 낭송할 수 있기 때문이다

감탕나무/甘·湯·木

저게, '먼 나무'인가요?
그냥, '멋진 나무'라고 한다지~

황량한 겨울철 내내 앙상한 나뭇가지에
빠~알 간 열매가 붉은 꽃송이처럼 주렁주렁
먼 데서 봐야 진정한 빨강의 매력이 드러난
먼 나무, 감탕나무-甘·湯·木
　　　　　　　　　　감 탕 목

서귀포에서 바라본 백설 봉 한라산 쪽
적색 신호등 같은 빨간 열매가 주렁주렁
여기가 별나라인가 싶도록 예쁜 경관이다

군집을 싫어해 독자 자생한다는 나무,
고고한 품성 지닌 수종이지만 멸종 직전
빠~알 강 열매의 독특한 조경가치를 창조해 내는
먼 나무, 감탕나무-甘·湯·木
　　　　　　　　　　감 탕 목

멀리서도 잘 보여 '먼 나무'라고 했다지요?
빨강 열매가 너무 멋져서 '멋진 나무'라고도 하고
잎자루가 길어서, '잎 먼 나무'라고도 했다더라만-

그런데,
나무줄기가 검어서, '먹낭, 먼낭'이기도 한다는 데-
눈에 잘 띄니, 한겨울에 '가로수'로 딱 맞춤이겠네요
해서, 이곳 西歸浦에선 이미 가로수가 되었지, 아~마~
　　　　　　서 귀 포

우리들의 인연/因緣

세상 살아가는 삶의 터전 속에서 그 수많은 사람들 가운데
우리가 서로 만났다는 것, 마치 동화 속 신화 같지만
만날 수 있었다는 인연은 매우 신비스러운 성령의 뜻인 것 같아요

단 한 번이라도 생각해 봤거나 만난 적도 없었던 우리가
언젠가 날 기다려준 사람처럼 내 앞에 꼭 있었다는 사실,
이 모두가 필연이 아니었을까 싶어요

인생길 위에서 수많은 사람들 가운데
우리가 만날 수 있었다는 것,
우리를 맺어준 성령의 필연이었겠죠

우리에겐 정말로 행운이었나 봐요
그 많은 사람들 속에서 찾아낸 당신의 그때 그 미소는
당시만 해도 더 먼 곳에 있었어도 남달리 느낄 수 있었지요

이젠,
함께 가는 길 위에서 나란히 걸어가는 길 위로
하루하루가 즐겁다고나 해야 하나요(?)

언제나 머~언 발치에서도 그리움이 내 앞에 있어서
그 누구에게도 보일 수 없었던 자신을 들어내 놓고
당신만 생각하기를 전심전력하나이다

그러나,
내 힘이 다해 내 손으로 당신을 이끌어 주고 인도해 줄 수 없을 때
다행히 우리의 영혼이 따로따로 흩어지지 않고 꼭 한 곳에 있다면,
지금의 당신을 기억하며 죽을 때까지 있는 그대로 이어 가고 싶을
뿐이랍니다
     - 편작 순 도.

선암사 돌담길

행여 오늘도 어느 곳에서 숨 쉬며
아등바등 삶을 붙들고 있으려나? 그렇다면,
그때 그 청정한 매화 향을 무의식 속에서라도
호흡呼吸하며 살아가고 있으리라

달랑 배낭 하나 둘러메고 나선 길,
벌교 꼬막-낙안마을-선암사로 이어지는 낯선 길
지금은,
조정래 문학관 앞뒤로 번질거리며 알려진 그 길
그 무렵엔 무모하면서도 터무니없는 고행길
사랑과 삶의 깨달음 길이었지~

선암사 돌담길 따라 활짝 핀 홍매화
그 짙은 매화 향기 속에서 행여
고시 공부가 제대로 되기나 했을거나?

훌륭한 법조인이 되고 싶다던
그녀, 그만 날개 접은 후
대륙법*을 공부하겠노라고

뒤도 돌아보지 않은 채
대륙으로 훌쩍 떠나버린 후
가슴속에 꽉 갇혀있는 그녀...

[註]
*대륙법/大陸法 : 독일을 중심으로 하는 유럽식 法인 大陸法은 成文法主義다. 그에 반해 判例法과 慣習法을 주축으로 하는 不文法主義인 英·美法과 대칭되는 法 概念이다. → *우리나라는 大陸法을 주로 시행하되, 英·美法을 借用하고 있다.

*백두대간의 태백산 끝자락, 순천-仙巖寺, 광양-雲巖寺, 진양-龍巖寺는 호남의 三巖寺라고 한다. 풍수설의 원조 격인 新羅때의 道銑이 창건했다고 전해진다. 지금은 진양-龍巖寺가 임진란 때 불타 없어져, 三鼎의 한 축이 무너졌기에 韓國 의 分斷 狀態가 지속되고 있다는 說이 있다.

군자행신/君子行身

君子 周而不比요 - 君子는 普遍해서 偏黨치 아니하고
　　주이불비　　　　　　보편　　편당

小人 比而不周라 - 小人은 偏黨해서 普遍치 아니한다.
　　비이부주　　　　　　편당　　보편

군자란,
공정한 입장에서 두루 교제해
편파적인 붕당은 만들지 않으며,
보편적이지 편당적이지 않다.

*周 : (빈틈없이)조밀할 주. →*공적이고 보편적임
*比 : (사리사욕에)결탁할 비. →*사적이고 편당적임

[註]
*군자는 친밀하게 지내되 사리사욕을 위하여 결탁하지 아니하고,
　소인은 사리사욕을 위하여 결탁하되 인간적으로 친밀하지 않는다.

봄이 오면/When Spring is coming up

봄이 오면,
When spring's coming up

겨우내 잠들었던 대지에
On the earth that fell sleep all through winter

쏟아지는 햇볕에 새 생명이 피어나고
In the warm sunlight new life is blooming

들꽃들이 들녘에서 환하게 기지개를 켜면
When the wild flowers turn on brightly in the fields

(성글어진) 마음 포근히 자라게 하리라.
Let your heart grow cozy

봄이 오면,
When spring's coming up

찬 서리 된서리 받으며
In the cold frost, black frost

따스운 봄바람 결을 기다리던 밭고랑에

In the furrow that was waiting for warm spring wind

푸른 새싹들이 뽀 조록* 돋아나리라.

Green sprouts was sprouting out

옹곳싹* 들과 바람결에 비벼댈 때면

Rubbing into the wind and wind

겨우내 머금었던 흙먼지를 손사레질 치며 해맑게 웃는다.

Laughing at winter soil dust with your hands

봄이 오면,

When spring's comming up

껍질 벗긴 땅콩 맨살같이

Like the skin of peeled peanuts

(새벽)이슬 머금은 백목련꽃 핀 가지위에서

On the dewdrop branches of white magnolia blossoms

(저승 갈 때 까지)天惠의 굴레[勒]를 벗지 못할 까치[鵲[가
Magpies that can't take off the bonds of Heaven

어제보다 더 구슬프게 울어대는 소리가 되어
It's a cry that sounds more organized than yesterday

내 눈앞에 와서는
In front of my eyes

가슴으로 새긴 이름을 부르게 하리라.
Let you invite them to call on their names

- 편작 순 도.

*뽀 조록 : 뽀 족의 본말/뽀 조록이/뿅 주룩.
*옹곳 싹 : 도도록하게 돋아나는 새싹.
→*요절 시인 金冠植(1934~1970)의 '新羅素描'라는 詩 속에 나오는 순수 우리말.

n·포 세대/反抗의 世代

-반항의 세대:한국의 未來志向的(미래지향적) 세대

-사토리 세대:일본의 得道(득도)세대.→*사토리[悟(오)]

-팅핑족 세대:중국의 배 째라 족 세대.→*躺平族(당평족)

반항의 세대란, 경제적 문제로 就業(취업)-戀愛(연애)-結婚(결혼)-出産(출산)-希望(희망)으로 이어지는 수많은 삶의 필수를 抛棄(포기)해야만 비로소 생존할 수 있다는 自抛自棄(자포자기)세대, 七顚八起(칠전팔기)와 相通(상통)함에 맞닿아있고 未來志向(미래지향)적이로다.

사토리 세대란, 돈벌이는 물론 出世(출세)에도 無關心(무관심)한 젊은 세대. 사토리[悟(오)]는 마치 得道(득도)나 한 것처럼 慾望(욕망)을 抑制(억제)하며 살아가는 젊은 세대를 말함이며 어떤 결과보다는 過程(과정)을 重視(중시)함이라.
일본의 잃어버린 20년은 浪費絶壁(낭비절벽)으로 인한 經財不況(경재불황)의 원인이 되어 厭世主義(염세주의)철학자 쇼펜하우어가 主唱(주창)했던,"삶은 비극이다. 욕망은 절대 충족되지 않으며, 모든 노력은 挫折(좌절) 될 뿐이고, 희망은 어떤 運命(운명)에

의해 밝혀 지고, 삶은 실수로 苦痛(고통)만 늘고, 결국 우린 死亡(사망)에 이른다. 그러니 삶은 悲劇(비극)일수밖에..."라는 철학적 이치를 反面教師(반면교사)로 삼아 그를 초인으로 내세웠으며, 厭世(염세)철학자 니체를 존중하는 世態(세태)까지 이르렀다.

팅핑족 세대란, 躺平族(당평족)의 '躺平(당평)'이란 국가적 '崛起(굴기)'와 반대로 稱(칭)하게 되는 概念(개념)이다. 일 안 하고-결혼 안 하고-애도 안 낳고-집도 안 사고-그저 生存(생존)만할 뿐이다. 이는 국가적 敗亡(패망)의 原因(원인)이 될 뿐이라

- 편작 순 도.

존경하는 李 兄

일전에 보내주신 〈이태원 아리랑〉 시집 내용 중,
'전봉준, 5.18 무덤 위에 무언의 눈이 내린다.'라는 문장,
그렇게도 先見之明 적일 수가 있을까요?

이즈음, 이태원 젊은이들의 압사 사건 현장에서
안이한 정부 행태를 겪으며 느끼는 사람들의 분노가
세월호 사건 때의 트라우마와 겹친 이유겠지요.

삶을 아파하는 이들의 敍事를 詩라 했거늘

물속 물고기처럼, 하늘을 나는 새처럼,
자유롭게 유영하고 훨훨 날 수 있는 自由,
그 自由人이 되고 싶어 꿈을 키우던 젊은 영혼들
물속 물고기가 되고, 하늘을 나는 새가 되고 싶었겠지요,
평생平生...

간이역/簡易驛

동으로 시오리길 나주 벌 끝자락
골 깊은 무등산 등허리 모퉁이에
지나가 버린 긴긴 세월을 끌어안고
허허로이 서 있는 南平 簡易驛

코흘리개 철부지 자식의 미래를 내다볼 수 없어서였을까?
망부가 되어버린 자신의 젊음을 담보할 수 없어서였을까?
모질게 모질게 떠나야만 했던 그 모정
모든 것을 기차에 싣고 떠나버린 역, 南平 簡易驛

가까이서, 때론 멀리서 올려오는 그때 그 기적소리
어린 가슴속에 절절한 그리움으로 되살아나서는
꿈속에서조차 잊혀 지지 않던 그 역,
지금도 허허롭게 서 있는 南平 簡易驛...

배꽃/梨花

안산鞍山* 남서쪽 골 넓은 산허리에
옹골차게 우뚝 들어선 배꽃 밭에서
梨花 Badge를 옷깃에 자랑스럽게 달고
생기 찬 걸음걸이로 왔다 갔다 하더니만
해마다 열리는 May Queen* 후보로
어찌하다 선택됐다고 자랑 자랑하던 그녀,

흐드러지게 활짝 핀 먹골배 밭*까지 와서는
꽃보다 더 화사한 미소를 연이어 짓더니만,
그 미소가 가물가물 기억조차 희미해져 갈 즈음
봉화산 언저리 먹골배 밭 자취방 부엌 토방* 위에
덩그렁 하게 놓인 엽서 한 장

프랑스로 유학한다며 헤어지자는 통보문—

엽서 위에 찍힌 Stamp 자국이 보일락 말락 해져 가는
육 십여 년 세월, 그 기나긴 세월이 흐른 지금 그녀는
어디에서 무엇을 생각하며 어떤 삶을 살고 있을거나?

혹여, 불어쯤 유창하게 하는 그녀가 되어
Madame Bovary* 같은 여인이 되었거나,
Chanson*이라도 잘 부르는 여인이 되어있을거나?

기억조차 가늘어져 가는 기~인 세월,
Lilac* 꽃잎 씹는 첫사랑 맛 같은 무딘 세월...

[註]
*안산/鞍山 : 母岳山/무악재
　　　　　　　무 악 산
*May Queen : 五月의 女王.
　　　　　　　오 월　여 왕
*먹골배 밭 : 佛巖山벌 봉화산 자락 太陵지역 배 밭.
　　　　　　　불 암 산　　　　　　　　태 릉
*토방/土房 : 처마 밑의 흙마루.
　　　토 방
*Madame Bovary : 佛, 작가 Gustave Flaubert(1821~1880).
　　　　　　　　　불
*Chanson : 佛, 대중음악의 軸을 이루는 노래 장르(Genre).
　　　　　　불　　　　　　축
*Lilac의 꽃말 : 보라색.→*첫사랑/젊은 날의 추억.
　　　　　　　 : 붉은색.→*友情/친구의 사랑.
　　　　　　　 : 하얀색.→*純潔/아름다운 맹세.

*첫사랑 맛이란, "Lilac 꽃잎을 씹는 무딘 맛"이라고 어느 詩人이 說破.

*"The most glorious moment in your life are not the so-called days of success, but rather are those days when out of dejection and despair you feel rise in you a challenge to life, and the promise of future accomplishments.
→*당신의 生涯 중 가장 빛나는 날들은 이른바 成功의 날이 아니라, 悲嘆과 絶望 속에서 生涯의 挑戰과 한번 부딪쳐보겠다는 느낌이 솟아오를 때이다."

① Gustave Flaubert(1821~1880) : 佛, 59세로 사망, 19세기 후반 佛의 대표적인 작가. 心理적 分析, Realism에 대한 考察, 개인과 사회의 행동에 대한 明晳한 主觀을 통해, <Madame Bovary-1857>, <세 가지 이야기-1877> 등 보편적 문학을 標榜함. 性 문학의 선구자.

② David Herbert Lawrence : 英, 1885~1930. 3. 2일 46세로 死亡, 心弱한 아이, 가난과 家庭不和속 成長, 1차 세계대전 중 독일계 부인과 유럽을 떠돌며 작품 활동-<Lady Chatterley's Lover> 等等...

③ 馬光洙 : 1951~2017. 9. 5. 66세로 자살, <즐거운 사라> 등등...

날 슬프게 하는 것들

라면이 主食이 되어버린 實狀을

偏見된 視覺으로 認識해 버리려는

사람들의 斜視가 날 슬프게 한다

各樣各色의 다양한 삶이 존재하는 현실을

유독 눈금 없는 자[尺]로 삶[生]을 재려고

試圖하는 意識들이 날 슬프게 한다

생존에 5季, 25時가 存在할 수 있음에도

오로지 4季, 24時만 存續하는 것으로 여기는

융통성 없는 이들의 雍固執이 날 슬프게 한다

시인다운 시인으로 純粹하게 誕生해보겠다고

허구한 날 밤샌 事緣을 헤아려 包容하기보다는

굳어져만 가는 詩壇의 行態가 날 슬프게 한다

시 비/詩 碑

그리도,
힘겨웠을 무거운 세월 속에서도
구릉진 산허리에 여유작작*하는 듯
의연하게 버티고 선 노송 옆 근처를
빨간 자전거를 타고 지나가는 우체부,

빨강 우체통 속에 든 전해줄 소식이
빨간 장미와 어우러져 조화로울 텐데-

빨갛게 가슴 태우며 기다리는 젊은이들
열심히 살아 움직이는 그들의 詩를 새긴
그들의 시비*도 저렇게 세울 수가 있다니
개관사정*이란 귀감* 이 될 四字成語도
이젠, 새들해지*는 世相*이 되어버렸구나

[註]

*餘: 남을 여. 裕: 넉넉할 유. 綽: 너그러울 작.→*餘裕綽綽(여유작작): 빠듯하지 않고 넉넉하다.

*시비/詩碑(시비): 시인 작품이나 업적을 기리기 위해 돌 등에 새겨 세운 비석.

*蓋: 덮을 개. 棺: 널 관. 事: 일 사. 定: 정할 정.→*蓋棺事定/蓋棺始定(개관사정/개관시정): 시체를 관에 넣고 뚜껑을 덮은 후에야 비로소 그 사람에 관한 評價(평가)가 제대로 됨을 이르는 成句(성구).

*귀감/龜鑑(귀감): '거북 등과 거울'이라는 뜻, 거울삼아 본받을 만한 模範(모범).

*새들하다: 별 대수롭지 아니하다/별 볼일이 없다/無關(무관)하다.

*世相: 世態.→*世上의 狀態나 形便.
  세태 세상 상태   형편

맛과 냄새/味覺과 嗅覺

사립문[柴門]밖까지 풍기던 어머니의 냄새

醬麴찌개 끓이던 냄새, 그 냄새-
(장국)

嗅覺과 味覺의 조화, 예술 작 같은
(후각)(미각)

맛과 맛이 맞닿은 맛의 그 珍羞-
(진수)

솜씨가 完熟된 傳統 대물림의 結果
(완숙)(전통)(결과)

意識과 機待가 결합한 그 實體-
(의식)(기대)(실체)

종착역/終着驛

... 뭐,

終着驛이라고?
아니야,
잘못 안 것일 거야~

내가 알고 있는 것,
시간만은 꼭 헤아렸지

그런데 왜,
모든 걸 끌어안고
終着驛에서 내려야만 하나?

열심히 삶을 살아왔을 뿐인데...

까르페 디엠-Carpe Diem
메멘토 모리-Memento Mori

*Carpe Diem : 현재를 즐겨라(Seize the Day).
*Memento Mori : 죽음을 기억하라(Memory the Death).

어장의 꿈/漁場夢

大川 화력발전소에서 치솟는 굴뚝 연기
그 죽음의 연기가 휘어서 흐르는 쪽으로
배를 운항해야만 안전하다고들 한다니,
기막히게 역설적이다 하여,
은혜네 어장의 꿈도 점점 어려워져만 간다

얼마 전까지만 해도 어망에 흔하게 잡히던 '물메기'를
재수 없다고 바닷물에 텀벙 던져버린 '물텀벙이'가
웃돈 받고도 없어 못 판다는 귀한 '迷役魚(미역어)'로 변했음이라

荊棘(형극)의 삶 속에서 엮어낸 丁若銓(정약전)의 〈玆山魚譜(자산어보)〉속에서
'迷役魚(미역어)'라 명명하면서, '마음을 迷惑(미혹)하는 役割(역할) 魚(어)'라니,
그의 先見知名(선견지명)이로 고

苦生(고생)되지만,

뭉치면 强(강)해져 행복해진다는 은혜네 家族漁場(가족어장)의 情(정)

한겨울 내내 시장통에서 '열 쌈지'를 발에 묶는 할머니들의 情(정)

은혜네 家族漁場(가족어장)의 꿈은 물메기, 갈메기들의 잔치이어라

반겨주던 아침 해는 어느덧 대천 바다 서쪽으로 기울고
석양 노을 속 초저녁 달빛이 반갑게 맞아주는 그날부터
정 많은 은혜네 가족 어장', 꿈은 점점 이루어져 가리라~

[註]

*茶山(다산)의 仲兄(중형) 丁若銓(정약전)은 <茲山魚譜(자산어보)>를 후세에 남기다. 茲(자)는 곧 黑(흑)이다. 茶山(다산)의 兄弟(형제)는 1801년 천주교인들에게 가한 辛酉迫害(신유박해)로 강진과 흑산도로 귀양을 가 暗黑(암흑)의 시대를 살았다. 그래선지 한사코 같은 뜻을 지녔지만 黑(흑)을 茲(자)로 바꿔 쓴다.

*黑山島(흑산도)는 '홍어와 천주교'로 이름난 섬이다.

열정/熱情

태곳적부터 탯줄에 연결된
박동 치는 생명체처럼
자일에 매달린 채 유영遊泳하는 삶
끊임없이 熱情적 이어야 한다

熱情은 생명의 원천源泉이니
더 이상 熱情이 솟구치지 않을 땐
죽음이 찾아온다고
폴 고갱*은 열섬에서 열심히 토해냈다

진세塵世*에 물들지 않은 영시靈詩*가
차곡차곡 쌓여 태곳적 숨결이 가득 찬
눈 덮인 빙산을 향해 힘차게 달려야 한다

熱情을 포기함은 우리의 영혼靈魂을
삶의 영역에서 영원히 주름지게 함이니~

[註]
* 폴 고갱(Paul Gauguin:1848~1903) : 프랑스 후기 印象派(인상파)화가.→*1890년과 1895년 두 차례에 걸쳐 열섬인 타히티섬에서 원주민과 同苦同樂(동고동락)하며 그린 原色(원색)적 色相(색상)의 畵風(화풍)은 후세 화가들에게 많은 影響(영향)을 끼쳤다.
* 塵世(진세) : 티끌 많은 세상/어지러운 세상.

*어찌 보면 나이 들어감이란 熱情(열정)을 잃어가는 삶의 過程(과정)일 수도 있다. 그러나 스스로 노련해져 가면서 너그럽고 經驗(경험)적 智慧(지혜)를 발휘토록 계속 熱情(열정)을 포기해서는 아니 됨이라.

▶ 自我省察중 觀照하고 싶은

본훼퍼의 사상/Bonhoeffer

본훼퍼(Bonhoeffer)의 思想중,

자아 성찰의 詩적 표현으로

「세상이 아는 나[自我]인가

내가 아는 나[自我]인가

神이 아는 나[自我]인가?」

나[自我]의 본질과 正體性에 대한 성찰로서

우리 모두에게 던진 不朽의 근본적 질문이다

세상 사람들이 알고 있는 나[自我]

자신만이 알고 있는 나[自我]

하나님[神]이 알고 있는 나[自我]

그 의미와 評判(평판)의 차이를

종교적 철학적 탐구라고 봐야 할인가?

세상이 아는 나[自我(자아)]란,

통속적인 관점에서 바라보는 나[自我(자아)]

내가 아는 나[自我(자아)]란,

主觀(주관)적으로

오로지 자기만이 아는 나[自我(자아)]

하나님[神(신)]이 아는 나[自我(자아)]란,

하나님[神(신)]의 觀點(관점)에서

바라볼 수 있는 나[自我(자아)]

인간의 한계를 넘어선 나[自我(자아)]의

본질과 정체성을 나타내는 象徵(상징)이리라

Bonhoeffer*는 나[自我(자아)]의 正體性(정체성)正이란

他人, 自我, 神의 視線(시선)에 따라 그 의미가

어떻게 달라지는지를 省察(성찰)하면서

진정한 나[自我(자아)]는 외부의 視線(시선)에 따른 것,

외부의 評判(평판)에 左之右之되는 것이 아니라

오로지,

하나님의 攝理(섭리)에서만 드러난 것이라고 했나니,

신앙적 자기 認識(인식)과

근원적 자기 質問(질문)을

동시에 담고 있음이어라

*Dietrich Bonhoeffer(1906~1945) : 베를린대, 신학박사, 목사, 반나치 운동가.

주마간사/走馬看寺

　일상의 관습에 푹 젖어 살다 보면 생애 몇 번쯤은 逸脫의 浪漫을 갈망하게 되리라. 흔히 말하는 '逸脫'에 대한 부정적 性向描寫가 아니라 꽉 짜인 삶에서 잠시 日程을 벗어나고 싶은 心理的 狀態가 되기 때문이다. 이는, 단 하루만이라도 자연과 일체가 되어 呼吸하며 자연의 일원으로 되돌아가고 싶은 인간의 本能的 發露라고 생각된다.

　10월 11일, '老樂-老樂'이라는 Slogan을 내걸고 종로 시니어 클럽(J-SC)에서 가을 나들이가 작동됐다. 전통 佛敎文化가 어우러진 천년 사찰 麻谷寺를 탐방하는 때를 맞춰 그런 기회를 잡았다. 일정표대로 오전 8시 雲峴宮 앞에서 BUS가 出發했다. 座席등받이에 몸을 기댄 채 눈을 지그시 감았다. 삼일대로 끝단에서 남산 Tunnel을 빠져나와 漢南大橋를 건너 강남 Apart군을 뒤로하고 Toll-gate에서 BUS가 미적거릴 때 눈을 떠 보니 車路 兩邊엔 번들거리며 제멋대로인 고층 건물들이 櫛比하다. 怪床罔測하면서도 이해하기도 힘든 건물 이름들과 선전용

갖가지 看板들이 눈에 거슬렸다. 계속 BUS는 느린 행보다. 또다시 눈을 감았다. 水原쯤 지날 무렵 눈을 떠 밖을 보니 아직도 그 生硬한 都市 形體들의 연속이었다. 예상대로라면 이때쯤 들판엔 황금물결이 滔滔하게 일렁이고 있어야 한다. 五山의 꽉 찬 米穀平野는 황금실[黃絲]로 짜깁기 해놓은 듯한 Mosaic 板이어야 한다. 눈이 시려 차마 正視하기조차 어렵던 황금 평야는 어디로 망명했나? 연이은 安城平野도 그러했다. 여기저기 무질서하게 세워 놓은 立看板들의 연이은 물결이고 그것들의 世態로 群集되어버린 들녘, 그렇게도 期待하고 羨望했던 시월[十月]의 季節인가 싶었다.

옆자리 회원과 사사로운 對話에 沒入하다 보니, 어느새 BUS는 國道로 접어들었고, 양옆 山勢가 꽤 가팔랐지만 山林이 울창해서 참 좋아 보였다. 산비탈 다랭이논[梯畓] 들녘에서야 비로소 황금빛이 눈에 鮮明하게 꽂힌다. 눈이 꽤 시렸다. 그러나, 오늘의 초가지붕들이 太陽

光 怪物로 변해버린 시골의 고즈넉한 風光은 옛날 옛적 이야깃거리가 되었다.

　　白蓮庵 넓은 광장에 도착했다. 이어진 松香路는 걷는 명상길이고, 지금 泰華山이 품고 있는 麻谷寺는 신라 27대 선덕여왕 12(AD643)년에 慈藏律師가 건립한 寺刹이다. 공주시 관할인데 깊은 疊疊산중에 자리한 麻谷寺, 그래서였을까? 白凡 金 九선생께서 한창 젊은 시절 이곳으로 숨어든 緣由이었으리라. 그러나 이미 殺人 前歷을 뒤집어쓴 그다. 불교의 核心教理에도 불구하고 그를 품어 안은 麻谷寺의 大義는 과연 무엇이었을까? 당시에 그도 이 절의 解脫門을 들고나고 했을 터, 煩惱의 束縛을 벗어나 자유로운 境界에 이르는 涅槃을 체득한 경지에 이르기라도 했을까? 本尊佛像을 모신 법당 大雄殿앞 여섯 기둥에 걸린 柱聯을 보면서 그는 무슨 思惟를 했을거나?

「古佛 未生前 : 그 옛날 부처님이 나시기 이전에

凝然 一相圓 : 하나의 진중한 모양이 뚜렷이 원만한 모습임을

釋迦 猶未會 : 저 석가께서도 오히려 알지 못했나니

迦葉 豈能傳 : 제자인 가섭이 어찌 알고 전했으랴

本來 非皁白 : 본래 본모습은 검거나 희지 아니하며

無短 亦無長 : 또한 짧거나 길지 아니하다네.」

이는, 朝鮮 중기 때

休靜스님이 佛家의 要諦를 간추려 엮은 禪家龜鑑의 한 구절이다.

과거 七佛중 "迦葉이 여섯 번째 佛이고, 釋迦가 일곱 번째 佛이니,

迦葉이 어찌 釋迦에게 그 뜻을 傳하겠느냐?"라는 뜻, 戒頌이다.

부처님이 중생에게 베푸신 말씀도 펼쳐놓으면 八萬大藏經이오, 그

걸 거두면 한마음[一心]이라고 한다. "麻谷寺의 대웅보전을 지탱하는

싸리나무 기둥을 안고 돌고 돌면 아들을 낳는다"라는 傳說은 오늘날

딸을 더 選好하는 현실 속에서 '虛望한 傳說'로 변해 버리지나 않았나(?) 하는 어리석은 생각[愚心]이 꽉 차오른다. 또, 障碍人이 부처님께 供養올릴 삿자리를 짜면서 백일기도 끝에 깨달음은 장애인은 자신이 더 좋아지기를 念願하는 것보다 길가에 무심히 피는 꽃들이 더 所重하고 살아있음에 感謝함을 느끼며 나누는 삶, 慈悲의 生을 살아가겠노라고 다짐[誓約]했다는 그 점...

公州의 名聲, 알밤 줍기 대회에 참가하려다 오히려 거동이 불편한 한 회원을 부축하여서 나만의 行步를 하면서 走馬看寺를 마치고 上京에 합류했다.

시 낭송/詩 朗誦

최근엔 공적 사적 詩 낭송 대회나 그런 모임이 부쩍 활발해지고 있습니다. 그에 따라 詩 낭송을 잘할 수 있도록 지도해주는 공공모임이나 사설 모임들이 우후죽순 격으로 늘어만 가지요. 그에 준하는 각각의 수강료는 천차만별이지만, 순수하게 詩를 가까이해서 詩 본연의 길을 따르고 싶어 하는 많은 사람들에게 적잖은 경제적 부담을 주기도 합니다. 하여, 다음과 같은 詩 낭송의 길잡이가 될 만한 글을 발췌해 올립니다. 참고하여 많은 도움이 되었으면 합니다. 詩 낭송 대회에서 적용하는 낭송 평가 기준을 다음에서 알아보도록 하지요.

1. 詩의 선택

詩 낭송 경연대회에서 배점이 제일 큰 부분은 낭송하려는 詩의 선택입니다. 따라서, 어떤 詩를 선택하여 그 詩를 잘 소화해서 詩 작자와 얼마큼 동화되어 낭송하느냐에 따라 당선이 좌우된다고 볼 수 있지요. 그만큼 詩의 선택이 중요하답니다. 그것은, 詩 낭송이란 혼자 詩를 소리 내어 읽고 듣고 음미하는 과정의 행위가 아니라, 소리를 내서 그 詩의 깊은 뜻을 청중에게 전달해야 하기 때문이지요. 즉, 청중과 이심전심이 되어야 한다는 뜻이기도 합니다. 그렇다면, 어떤 종류의 詩를 선택해야 할까요?

① 일반적인 詩를 형식적으로 선택한 경우의 그 예.
*선택할 詩의 함축含蓄적 의미와 비유比喩적 의미가 벌써 여러 번 적용되어 딱딱해 져버린 詩.
*움직이는 동사는 거의 없고 명사들만으로 詩가 연결되어 뚝뚝 끊겨 문맥이 단절되는 詩.
*고유어나 외래어가 섞여 있어 듣기에 부자연스러운 詩.
*서사시 풍으로서 길게 늘어놓은 詩 등입니다.
 특히, 듣고도 이해하기 어려운 형이상학적 내용의 詩는 피하는 것이 상책입니다.

② 듣고 공감도가 높은 詩를 선택한 경우의 그 예.
*일반적으로 신선하면서도 공감이 갈 수 있는 詩.
*공감하기 좋은 주제를 다룬 대체적으로 부드러운 詩.
*주로 서정시로서 듣는 청중이 감동을 받을만한 詩.
*남들이 다른 대회에서 자주 낭송하지 않았던 참신한 詩.
*인간의 喜怒愛樂을 주로 다룬 詩를 선택해야 좋은 결과를 얻습니다.

2. 詩의 이해

　일단 선택한 詩를 이해하게 되면, 그 詩의 주제를 잘 살려야 낭송할 때 크게 도움이 되는 것입니다. 그래야만 어떤 단어, 문구, 혹은 문자를 힘주어 낭송해야 하고, 어떤 부분은 가볍게 처리하면서 부드럽게 넘겨 버려야 할지를 구분하게 되지요. 더 나아가 詩를 깊이 있게 이해하면, 낭송할 때 표현력과 전달력이 좋아지게 됩니다. 이 詩에서 무엇을 핵심적으로 표현할 것인지를 알고 있기 때문이지요. 하여, 선택한 詩를 잘 이해하기 위해선 먼저 읽기의 단계가 필요합니다. 먼저 詩를 읽고 이해하는 것이고, 다음은 그 詩와 연관된 것들, 이를 태면, 작가의 사회적 문화적 배경이나 독자들에게 끼치는 영향력 등을 이해하는 방식 등이지요. 줄여 말하자면, 詩와 관련된 대내외적 요인을 잘 파악해야만 된다는 뜻입니다.

3. 발음의 정확도

　우리 한글은 表音文字입니다. 소리 나는 대로 표기하는 문자이지요. 그러나 실제로는 모든 단어를 소리 나는 대로 표기하지는 않습니다. 국어 표준 어문 규정에 따르면, '소리 나는 대로 적되, 어법에 맞도록 쓴다.'라고 되어 있습니다. 즉, 모든 단어가 발음과 표기가 일치하지 않는다는 뜻입니다. 고로, 표기와 실제 발음이 다를 경우, 음운변동 현상을 체계적으로 정리하여 규정을 만들어 놨지요. 그 변동 사항을 확인하여 정확한 발음을 해야 하는 것입니다. 그 例로,

① 겹 자음 'ㄹ, ㄱ'은 뒤 음절의 첫소리가 'ㄱ'일 때, 'ㄹ'만 발음되고, 뒤따르는 음절은 된소리로 발음해야 한다. '늙고→늘 꼬, 늙거나→늘 꺼나, 늙게→늘 께'로 발음하게 됨을 터득해야 됩니다.

② 겹 자음 'ㄹ, ㄱ'은 뒤 음절의 첫소리가 'ㅅ, ㄷ, ㅈ'인 경우 'ㄱ'만 발음되고 뒤 음절은 된소리로 발음된다.
'늙소→늑 쏘, 늙더니→늑 떠니, 늙지→늑 찌'로 발음하게 됨이지요.
이런 식의 표준 발음법의 원리를 잘 읽혀야 합니다.

4. 표현력과 전달력

낭송할 때 그 詩를 이해했느냐 못했느냐를 기반으로 하여, 표현하고 전달하는 능력을 평가하지요. 따라서 같은 단어나 문구, 혹은 詩의 문장을 어떻게 해석하여 자신의 목소리에 담아 표현하느냐 함을 평가한다는 뜻입니다.

5. 호흡과 발성

일단 선택한 詩를 낭송할 땐 호흡과 발성이 자연스럽고 안정적이며 자기의 聲을 충분히 발휘할 수 있어야 합니다. 하여, 복식호흡을 기본

으로 연습을 열심히 해야 합니다. 호흡이나 성량이 부족해서 내는 낭송 소리는 연속성이 끊겨서 부자연스러울 뿐만 아니라 감점의 절대적 요소로 작용합니다.

6. 억양과 어조
  억양과 어조를 조화롭게 하면, 리듬이 자연스럽게 살아납니다. 밋밋한 詩를 음악적으로 들리게 하여 청중을 감동케 하는 핵심적 요소가 되는 것이지요.

7. 낭송하는 태도
  詩 낭송은 대중 앞에 나서는 일종의 공연입니다. 따라서 공연자는 필수적으로 예절을 갖춰야 합니다. 일단 무대 위로 올라서게 되는 순간부터 詩 낭송가는 공연자가 되는 것이지요. 무대 위에 오르기 전에 갖는 마음가짐이 무대 위에서도 평온해지도록 항상 준비해야 합니다. 불필요한 것에 신경을 써서도 안 되지만, 오버 액션을 해도 감점입니다. 물 흐르듯 자연스럽게 해야지요. 평상시 많은 연습을 해둬야 할 것입니다.

8. 청중의 호응도
  오페라나 기악 연주회 때처럼 엄숙함이 전제조건인 공연이 아닐 경우, 일반 공연은 좀 어수선하기 마련이지요. 그런 환경에 흔들리면 아니 됩니다. 약간은 자기중심적으로 도도하면서도 의연한 자세가 꼭 필요하답니다. 詩 낭송가는 청중을 정중하게 바라보면서 오히려 청중이 낭송가를 집중해서 바라볼 수 있는 자세가 꼭 필요하답니다.

9. 詩 낭송 대회 평가 기준 - 100점 기준
 *詩 선택과 이해도 : 40%
 *표준 발음 정확도 : 30%
 *표현력과 전달력 : 10%
 *호흡과 발성   : 5%
 *억양과 어조   : 5%
 *詩 낭송 태도   : 5%
 *청중의 호응도   : 5%

10. 모든 것이 다 같을 수는 없습니다. 각자 자신의 능력에 달려 있습니다.

자신의 능력도 중요하지만, 무엇보다 스스로 어떻게 당면한 문제에 임하느냐(?)에 달려 있기 때문이지요. 어떤 것[일]에 도전한다는 뜻은 더더욱 그러합니다. 일단 심성을 순화시켜 줄 수 있다고 하는 분야에 입성했으면, 열과 성을 다해야 할 것입니다 - 발췌한 글.

순도 시·수필

천·년·향(2)
千 年 香

초판인쇄 2025년 12월 5일
초판발행 2025년 12월 12일

지은이 | 순도(順道)

펴낸이 | 서영애
펴낸곳 | 대양미디어

04559 서울시 중구 퇴계로45길 22-6(일호빌딩) 602호
전화 | (02)2276-0078
팩스 | (02)2267-7888

ISBN 979-11-6072-158-4 03810
값 15,000원

＊작가와의 협의하에 인지는 생략합니다.
＊파손 및 잘못된 책은 교환해 드립니다.